ESOTERISCHES
WISSEN

Herausgeber dieser Reihe Michael Görden

Andrew
da Passano

DIE GABE DER STILLE

Ein Wegweiser aus dem Lärm des Alltags

Deutsche Erstausgabe

WILHELM HEYNE VERLAG
MÜNCHEN

HEYNE ESOTERISCHES WISSEN
08/9612

Aus dem Amerikanischen übertragen
von Eluan Ghazal

Titel der Originalausgabe:
INNER SILENCE
erschienen bei Harper & Row, San Francisco

Printed in Germany 1992
Umschlaggestaltung: Atelier Adolf Bachmann, Reischach
Umschlagillustration: Fotoservice Silvestris, Kastl/Obb.
Satz: Kort Satz GmbH, München
Druck und Bindung: Presse-Druck Augsburg

ISBN 3-453-05741-4

Diejenigen,
die einen Willen haben,
führt das Schicksal;
die Willenlosen werden vom Schicksal
verschleppt.

Seneca

Inhalt

Zum Anfang 10

1 Wie wir sind 16

2 Die Beruhigung der Fahrzeuge: Meditation und Verehrung 26

3 Wie wir unsere Welt erschaffen 40

4 Kraft gewinnen 54

5 Die Stimme des Schweigens hören 74

6 Bewußtsein erzeugen 92

7 Träume 112

8 Was ist Tod? 132

9 Innere Alchemie 160

10 Mit dem Kosmos kommunizieren 178

11 Dienen und Mitgefühl 204

12 Die Nabe des Rades 216

Epilog 226

Über den Autor 233

Mit unserer Technologie machen wir soviel Lärm,
daß wir das Tor zu den Sternen in unserer Stirn
nicht mehr entdecken können.

William Erwin Thompson

Sprich mit deinem Herzen,
wenn du allein bist und sei ruhig.

Aus einem Gebetbuch

Schweigen ist ein Heilmittel für alle Krankheiten.

Altes jüdisches Sprichwort

Ein Herz, das für alle Möglichkeiten offen ist,
wird der Wahrheit begegnen.

Stephen Levine

Auf eine Transformation des Bewußtseins
hinzuarbeiten,
ist das einzig lohnende Spiel in dieser Gegend
des Universums.

Bob Toben

Zum Anfang

Ich freue mich, daß Sie dieses Buch geöffnet haben, endlich begegne ich Ihnen. Guten Tag! Und ich muß auch sagen »Herein!« ...denn indem Sie dieses Buch öffnen, öffnen Sie auch eine Tür.

Eine Tür wohin? Nun, sagen wir in andere Welten... oder, wenn Ihnen das lieber ist, in andere Dimensionen. Auf dieser Tür steht geschrieben ›INNERES SCHWEIGEN‹. Inneres Schweigen ist die Formel, die Eintrittskarte zum Quantensprung. Und das meine ich nicht nur theoretisch, sondern durchaus praktisch.

Wissen Sie, wieviel Lärm wir in uns herumtragen? Versuchen wir gleich jetzt ein kleines Experiment: Schließen Sie Augen. Achten Sie nicht auf Geräusche in Ihrer Umgebung und konzentrieren Sie sich darauf, was in Ihnen selbst stattfindet. Atmen Sie normal, lauschen Sie eine Minute lang. Wie viele innere Stimmen haben Sie gehört?

Genau dasselbe geschieht, wenn Sie zu einer Hütte tief im Wald gehen, die Hunderte von Kilometern von jeder Stadt entfernt liegt. Sie sind dort, um Frieden zu finden, um sich auszuruhen und zu regenerieren. Sie setzen sich ruhig hin, schließen die Augen und lauschen... Kein Verkehr draußen, nur das sanfte Rauschen des Windes durch die Fichtennadeln. »Ah«, denken Sie, »das ist es.« Aber nein, der physische Körper, die Gefühle, die Gedanken sind ganz ungebärdig und verlangen lärmend nach Ihrer Aufmerksamkeit. Sie haben etwas sehr Interessantes entdeckt: Selbst in dem außerordentlich lärmenden Zeitalter, in dem wir leben, ist der wirkliche Lärm in unserem Inneren.

Das Ziel dieses Buches besteht darin, Ihnen bei der Erlangung inneren Schweigens zu helfen… Und das wird Ihnen nicht nur ›den Frieden, der jenseits aller Begriffe liegt‹ vermitteln, sondern Sie auch befähigen, Veränderungen in Ihrem Leben zu vollziehen. Das menschliche Leben hat eine universelle Konstante: Es ist *unvorhersagbar.* Wir alle hätten gerne die Macht, unser persönliches Schicksal zu kontrollieren, um nicht all diesen Höhen und Tiefen unseres Lebens ausgeliefert zu sein… vor allem nicht den Tiefen. Um die kostbaren Kräfte zu erlangen, die aus dem inneren Schweigen entstehen, ist eine gewisse Disziplin erforderlich. Disziplin ist kein beliebtes Wort. In unserer Zeit wird Disziplin als drückende Verpflichtung verstanden, als etwas, was man unter Zwang durchzuführen hat. Nur im Sport und in wettbewerbsorientierten Aktivitäten, die Geld und Ruhm versprechen, wird Disziplin in unserer Kultur akzeptiert. Aber auch das ist ein Beweis dafür, daß hervorragende Leistungen nur durch Disziplin erreichbar sind. Diese Disziplin werde ich Ihnen in verschiedenen Formen darbieten: Erklärungen und Methoden.

Die Erklärungen könnten Ihre bisherigen Vorstellungen durchaus erschüttern. Während Sie lesen, werden Sie eine ganze Menge Unrat, der sich in Ihrem geistigen Dachboden angesammelt hat, wegwerfen. Lesen Sie trotzdem weiter. Wenn Sie geduldig folgen, so werden diese Erklärungen Sie *tatsächlich* jenseits der Theorien der heutigen Quantenphysiker führen.

Was die Methoden anbelangt, so waren sie viele tausend Jahre lang bekannt, wurden aber geheimgehalten. Wenn man sie einigen auserwählten wenigen weitergab, so wurden sie in einer ganzen Menge von religiösen Gewändern, Turbanen und anderen eindrucksvollen Schmuckgegenständen eingehüllt. Aber wenn man diesen Zierat ablöst, so erkennt man, daß diese Methoden eine Sammlung praktischen Wissens sind, das auf durchaus pragmatische Weise geprüft wurde. Sie funktionieren… Wenn das nicht so wäre, so gäbe es sie ganz einfach nicht mehr.

Im Grunde ist es ganz einfach. Alle menschlichen Anstrengungen, Philosophien und Religionen wollen nur zwei Hauptthemen verstehen und verwirklichen: ein besseres Leben, und das heißt, ein Leben, das lang, glücklich, gesund und einigermaßen wohlhabend ist. Und wenn der Kalender dann unausweichlich weiterzählt, so beschäftigen wir uns in zunehmenden Maße mit der Kontinuität unseres geliebten ›Ich‹ jenseits des Grabes. Alles andere ist bloße Schaufensterdekoration und Eskapismus.

Bitte tun Sie mich nicht als einen ›besonders praxisnahen spirituellen‹ Lehrer ab. Die verklärten Führer sind heute nicht mehr so nützlich, nicht einmal für sich selbst. Ich habe dieses Buch geschrieben, um aufgeschlossenen Menschen eine Möglichkeit zu geben, ihr Schicksal zu beschleunigen, ihre veraltete Software loszuwerden und den Quantensprung zu vollziehen, ohne dabei mit der Nase auf einer mit Kreide beschmierten Tafel aufzuprallen, vielmehr führt dieser Sprung mitten durch die Tafel in das multidimensionale Zeit-Raumkontinuum, weit über Albert Einsteins kühnste Träume hinaus.

›Jenseits des Quantensprungs‹… klingt das nicht ein bißchen zu sehr nach Magie? Seit 50 Jahren sage ich, daß Wissenschaft die Demokratisierung der Magie ist. Magie war immer nur für einige wenige. Magie zu erlernen dauert Jahre… Es ist für eine Aristokratie von Technikern gedacht. Aber in unserer Zeit braucht man nicht jahrzehntelang in einer Mönchszelle zu sitzen. Eine ganze Menge alter magischer Träume umgeben uns jeden Tag. Wenn Sie das nicht glauben, so schauen wir doch einmal zusammen nach. Telepathie? Wir haben das Telefon. Ebenso schnell und viel genauer.

Auf dem Wasser wandeln? Levitation? Wollen Sie wirklich die fünftausend Kilometer bis nach Paris zu Fuß gehen? Um 9 Uhr morgens können Sie mit der Concorde in einem bequemen Sessel levitieren und dabei das Frühstück einnehmen. Um 1 Uhr sind Sie dann zum Mittagessen an der Tour D'Argent in Paris… und um 6 Uhr abends dann wieder zum Cocktail im Plaza.

Bilokalität… an zwei oder mehr verschiedenen Orten gleichzeitig zu sein? Hologramme können Ihre dreidimensionale Anwesenheit, so oft Sie es nur wünschen, vervielfältigen; und Sie haben all Ihre Videokassetten in zweidimensionaler Ausgabe, und Farbe und Klang, wo immer Sie wollen. Diese ganze Magie wurde durch die Wissenschaft hergestellt… Die einzig nötige ›Kraft‹ ist dabei bares Geld oder eine Kreditkarte. Und genauso, wie die Magie von gestern die Wirklichkeit von heute ist, so werden die magischen Gerätschaften von morgen das theoretische Wissen von heute darstellen.

Die theoretische Wissenschaft schiebt ohne Unterlaß die äußere Hülle der bekannten Welt weiter zurück. Die fortgeschrittensten Theorien der Quantenphysik haben unser Bewußtsein für neue Möglichkeiten vorbereitet. Die Physiker teilen uns mit, daß alles, selbst der scheinbar festeste Berg in Wirklichkeit ein Feld vibrierender Energie ist. Und wenn alles Energie in ewigem Fließen ist, so können wir daraus extrapolieren, daß alles nur Erdenkliche möglich ist. Dieses Wissen wird uns sehr dabei helfen, das innere Schweigen zu erlangen, denn zumindest können wir unseren Geist davon abhalten, uns ständig zu sagen: »Es kann nicht sein, und deshalb ist es nicht.«

Aber von der Wissenschaft dürfen wir keinen Aufschluß darüber erwarten, wer wie wann und wo springt. Noch immer hängt viel zu viel Ballast an offiziellen Glaubensvorstellungen, im Namen des Konservativismus wird noch immer viel zu viel davon in junge Geister eingespeist. Was ich hier und heute anbiete, ist nicht für gestrige Menschen.

Wir können und müssen den Quantensprung jetzt machen, die offizielle Wissenschaft wird dann schon noch aufholen. Wir müssen uns aus dem Homo sapiens in die Spezies der Zukunft verwandeln... Sie brauchen nur einmal um sich zu blicken, um zu sehen, wie dringend nötig dies ist. Um unsere Evolution zu beschleunigen, brauchen wir neue Software, und die möchte ich Ihnen in diesem Buch vermitteln.

Wie wir sind

Weil du dich noch immer mit dem Körperbewußtsein identifizierst, fehlt dir wirkliches Verständnis.

Nisargadatta

...sie (die Gefühle und Leidenschaften), die ewig ruhelos um die Vorherrschaft kämpfen, ohne sich um Unrecht oder Sittlichkeit zu kümmern, verwandeln die Seele des Suchenden in einen Affenkäfig.

Aus einem Pali-Text

Ich glaube, daß bei der überwältigenden Mehrzahl der Individuen die Emotionen beschränkt und beschränkend sind. Die emotionalen Reaktionen sind relativ primitive, mächtige, reaktive Erfahrungen, die nur unzureichend, wenn überhaupt, verstanden werden.

W. Brugh Joy, M. D.

Wir müssen den emotionalen Körper von innen vitalisieren und die Emotionen durch ihn hindurchschikken, die wir haben wollen...

J. J. van der Leeuw, L. L. D.

Das Bewußtsein eines Yogi ist unter seiner Kontrolle, nicht umgekehrt, nicht er ist unter der Kontrolle seines Bewußtseins.

Sri Ramakrishna

1

Wie wir sind

Um zu verstehen, warum es soviel inneren Lärm gibt, müßten wir zuallererst herausfinden, wie ein menschliches Wesen gebaut ist. Die Religionen der guten alten Tage sagen uns, daß wir einen Körper haben und daß unsere Seele (was auch immer das sein mag) bei unserem Tod aus diesem Körper herausspringt, das ihrige an sich reißt, sei es nun dunkel oder hell, und dann in aller Eile zu einem himmlischen Gericht gebracht wird. Aber so einfach ist das nicht. In Wirklichkeit haben wir vielmehr drei Körper... Das physische, emotionale und mentale Fahrzeug..., und all diese Körper funktionieren gleichzeitig.*)

Das physische Fahrzeug

Zunächst einmal haben wir, wie jeder weiß, das physische Fahrzeug, den Körper. Der heilige Franz von Assisi nannte

*) Vielleicht haben Sie vom ätherischen Körper gehört. Für eine grundlegende Beschreibung des menschlichen Wesens ist er nur in Parenthese wichtig, aber um der Klarheit willen wollen wir ihn trotzdem erwähnen. Er liegt zwischen dem physischen und emotionalen Körper. Es ist nicht so fein wie der emotionale, nicht so grob wie der physische Körper. Er besteht aus elektromagnetischen Energiefeldern, die als Ströme durch den Körper laufen. Von der westlichen Medizin wurde er bis vor kurzem noch vernachlässigt, in der fernöstlichen Akupunktur und in den ›Nadis‹ der ayurvedischen Medizin in Indien aber erscheint er in den Meridianen.

ihn voller Zuneigung ›Bruder Esel‹. Aufgrund unseres Tastsinnes halten wir ihn für real und identifizieren uns mit ihm. Wir unternehmen große Anstrengungen, um ihm ein möglichst attraktives Aussehen zu verleihen und ihn vor Verletzungen zu schützen. Aber der heilige Franziskus hatte die richtige Vorstellung: Natürlich muß man den Bruder Esel mit liebender Aufmerksamkeit behandeln, aber man ist nicht mit ihm *identisch.* Man lebt in ihm, aber man ist nicht er. Vielleicht sind Sie erstaunt, wenn Sie erfahren, daß unser ›allzu festes Fleisch‹ in Wirklichkeit gar nicht so fest ist. Es besteht aus Atomen, aus kleinen Wirbelwinden der Energie. Atome und ihre subatomaren Teilchen, die Elektronen, Positronen, Neutrinos und Quarks können wir weder sehen, anfassen, teilen noch wiegen. Denken Sie daran, das Atom ist nicht Materie, sondern ein Energiefeld, das ebenso immateriell ist, wie das Feld, das Sie zwischen zwei Magneten finden.

Wenn Atome sich zusammenfinden, so erzeugen sie ein Molekül. Und wenn die Moleküle sich in unserem Körper zusammenballen, so entsteht eine Zelle. Und wenn sich die Zellen miteinander verbinden, so erzeugen sie alle Organe, die in ihrer Gesamtheit den physischen Körper bilden.

Das emotionale Fahrzeug

Als nächstes haben wir das emotionale Fahrzeug, das ebenso real ist wie das physische, aber weniger zusammenhängend, weniger verdichtet. Der emotionale Körper ist feiner, subtiler. Er existiert wie ein Nebel oder ein Duft auf der molekularen Ebene. Man kann den Duft nicht sehen, aber er geht durch alles hindurch, selbst durch die Wände eines Hauses. Der emotionale Körper durchdringt den physischen Körper, er zieht sich durch jede Zelle und läßt die Dinge geschehen, so ähnlich wie Benzin ein Auto antreibt. Die Emotionen erzeugen die Funktion der Organe, sie absorbieren, scheiden aus, verwandeln, geben Nährstoffe an andere Organe weiter. Die Emotion ist es, die die winzigen Zellen dazu veranlaßt, ihre Funktion zu erfüllen. Die Leukozyten springen eine eindringende Mikrobe in gleicher Weise an, wie eine Katze ihre Muskeln zusammenzieht und eine Maus fängt. Wenn Leukozyten keine Emotionen hätten, so würden sie ganz einfach herumsitzen und sagen: »Da, schau diese dicken Mikroben an.«

Die gesamte Skala der Manifestationen, die ein menschliches Wesen ausmachen, wird durch die Emotionen bewegt, und diese Bewegung erzeugt viel Geräusch. Mit all ihrer Kraft sind die Emotionen wie ein Käfig voller Affen und fast ebenso unkontrollierbar! Wenn Sie zurücktreten und Ihre eigenen Emotionen distanziert betrachten, so werden Sie sehen, daß eine jede von ihnen das tut, was ihr am meisten liegt... herumspringen, kratzen, Unzucht treiben, essen, schwingen, was auch immer... Und das geschieht unablässig. Und immer besteht der *Wunsch,* etwas zu tun.

Das ist das Hauptmerkmal der menschlichen Emotionen: Sie sind auf stimulierende Ergebnisse aus. Sie vermeiden die unangenehme Situation und jagen der angenehmen nach, ganz gleichgültig, ob sie sie erst erzeugen, nach ihr verlangen oder sie halluzinieren müssen... Emotionen *müssen* vibrieren, sie müssen aktiv sein. Nichts, was sich manifestiert hat, will sterben, und das gilt auch für die Emotion. Manchmal werden wir sogar eine unangenehme Emotion wie Traurigkeit verewigen, nur, um die entsprechende Schwingung weiterzuführen. Eine Person kann die gleiche blutige Tragödie immer und immer wieder in den Nachrichten anschauen, obwohl es dabei keine neue Information gibt... Es geschieht nur, um die entsprechende Schwingung aufrechtzuerhalten.

Schließlich kommen wir zum Bewußtsein, unserem mentalen Fahrzeug. Es unterscheidet sich ganz deutlich von den beiden anderen. Der mentale Körper ist subtiler als der emotionale und physische Körper, er ist eine Reihe von elektronischen Interaktionen, die wir im Laufe unserer langen Evolution entwickelt haben.

Vor Hunderttausenden von Jahren, als wir noch ganz am Anfang waren, waren wir eins mit der Natur. Wie bei den wilden Tieren floß unser Leben ganz einfach dahin. Unsere kleinen Geschwister, die Tiere, wissen nicht, warum sie sich paaren müssen, aber sie wissen, wann sie es tun müssen. Sie wissen nicht, warum sie vor Sonnenuntergang nicht trinken dürfen, aber sie verhalten sich danach. Sie sind von ›Instinkten‹ geleitet, was ich auch als ›Gruppenseele‹ bezeichnen kann. Diese Gruppenseele ist ein ›Bewußtsein‹, das allen Mitgliedern der Spezies gemeinsam ist. Diese Gruppenseele macht keine Fehler, sie erfüllt ihre Aufgabe ganz einfach in Schweigen.

Als wir Menschen noch nach unserem Instinkt gehandelt haben, war mit uns alles in Ordnung. Aber im Laufe der Zeit hat sich unsere Fähigkeit, vernünftig zu denken, ausgedehnt. Diese Fähigkeit existiert im Gehirn jedes lebenden Wesens auf der Erde... Sie ist keineswegs ein nur menschliches Privileg. Aber als wir die einzigartige Kraft entwickelt haben, Abstraktionen zu visualisieren (in unserem Bewußtsein etwas zu sehen, das noch nie existiert hat, aber vielleicht in der Zukunft existieren wird), ist auch unsere Kraft, vernünftig zu denken, gewachsen. Diese Entwicklung wie auch die Vorgänge der Auswahl und Entscheidung und der Handlung führten zu einem übermäßigen Wachstum, einer Hypertrophie des Verstandes. Der Verstand begann, unser ganzes Leben zu beherrschen.

Was also ist geschehen? In einer Verteidigungsreaktion hat sich der Instinkt der Spezies nach innen zurückgezogen. Er hat den menschlichen Metabolismus durchdrungen, um die Emotionen daran zu hindern, den Verstand zur Gewinnung nur angenehmer Empfindungen zu verleiten, und hat auf diese Weise die Menschheit vor einer vorzeitigen Zerstörung durch ihre eigenen törichten Exzesse gerettet. Und das bezeichnen wir als das autonome Nervensystem.

Das autonome Nervensystem funktioniert voll und ganz im Verborgenen. Unser bewußtes Denken vermittelt uns keine Vorstellung darüber, was gerade in uns stattfindet, wieviel Adrenalin wir in die Adern drücken müssen, wie oft wir unseren Herzschlag beschleunigen müssen oder Luft in die Lungen aufnehmen müssen. Es ist uns erlaubt, in diesem Körper zu leben, aber wir wissen nicht, wie wir ihn zu lenken haben.

Der Instinkt aber ist so gut wie unfehlbar. Wenn man ihn sich selbst überläßt, macht er keine Fehler. Natürlich hat er gewisse innersystemische Probleme. Wenn wir Menschen Drogen einnehmen, wenn wir rauchen, zu schnell Auto fahren, wenn wir uns über alles und jedes aufregen und unseren Organismus anstrengen und ermüden, so geht es auch unserem Stoffwechsel nicht gerade gut.

Der Verstand per se ist ganz einfach nicht fähig, den Affenkäfig der Emotionen in Ordnung zu bringen. Natürlich sind manche Menschen mehr vernunftorientiert als andere, manche richten sich mehr nach ihren Leidenschaften. Wenn wir beispielsweise ein Glas Whisky trinken wollen, und dann noch ein zweites, und noch ein drittes, und wenn dann die Vernunft, wie es sich für sie gehört, uns zuredet: »Halt, halt, du bringst dich mit dieser Gewohnheit noch um!«, so antworten die Emotionen: »Ach, was soll denn das, du alter Spielverderber. Zum ersten Mal seit Tagen geht es mir wirklich gut, und ein Glas mehr wird mir nicht schaden.« Das ist die Art, wie wir funktionieren. Wir bringen uns in Schwierigkeiten und sagen dann: »Wenn ich nur gewußt hätte…«

Es ist mit Sicherheit sehr schwierig, den emotionalen Körper zu kontrollieren. Aber wenn wir uns darüber im klaren sind, woraus ein menschliches Wesen besteht und dazu noch Methoden erwerben, die uns innerlich vorbereiten und stärken, so werden wir imstande sein, mit Streß und den Unwägbarkeiten unserer Existenz umzugehen.

Es ist leicht, die reichen und berühmten Menschen zu beneiden, die sich ihre Villen auf den Bergen gebaut haben und auf die Straßen herabschauen, wo sich Lärm und Smog eingenistet haben. Aber ihr Leben ist genauso unvorhersagbar und voller Streß, wie das Leben gewöhnlicher Menschen. Allein die Tatsache, reich und berühmt zu sein, erzeugt Spannung, Ehrgeiz, Sorgen und Pläne, die unablässig aus der Gegenwart in eine sehr unwahrscheinliche Zukunft projiziert werden. Ob wir nun reich oder arm sind, unsere Fahrzeuge haben dieselbe Zusammensetzung: und unser emotionaler Körper treibt die beiden anderen Körper zu halsbrecherischen Touren an.

Nun ist das rationale Denken ein edles Instrument, da es uns den Weg zur Weisheit bahnt. Ich würde vorschlagen, daß Sie das rationale Denken zu Ihrem Verbündeten machen. Aber Sie müssen auch wissen, daß es wie ein Computer ist… etwa in dem Sinne ›Garbage in, garbage out‹. Das rationale Denken hat ganz bestimmte Grenzen, sowohl in der Hardware, als auch in der Software. Es legt sein kleines Gitternetz der Logik auf das Chaos, das durch unsere Sinnesinformationen erzeugt wird und akzeptiert nur das, was sich in seine vier Kategorien der Zeit, des Raumes, der Ursache und der Wirkung einpassen läßt. Diese Kategorien sind *a priori:* Sie werden bereits vor der Geburt erworben. Sie sind Teil der Gehirnmatrix. Alles, was außerhalb davon liegt, die sogenannten paranormalen Ereignisse oder abstrakte Begriffe wie Tugend oder Mut, verwirft das rationale Denken als unwirklich. Auf diese Weise gleicht das rationale Denken mehr einem Newtonschen Physiker: Was nicht gemessen, gewogen, quantifiziert werden kann, kann auch nicht als existent bezeichnet werden.

Das Potential des Bewußtseins: die Evolution

Das rationale Denken hat seine Grenzen, aber unser Bewußtsein hat viel größere Fähigkeiten, als Sie vielleicht erkennen. Wissenschaft und Technik haben unser Leben ganz buchstäblich verändert. In der letzten Zeit haben wir uns mit so komplexen Gerätschaften befaßt, daß wir Schaltkreise in unserem Gehirn entwickelt haben, über die Menschen vor Jahrtausenden noch nicht verfügten. Zum Beispiel waren die alten Griechen nicht imstande, ebensoviele Farben wie wir heute wahrzunehmen. Deshalb nannte Homer das blaue Mittelmeer »das weindunkle Meer«, da die Farbwahrnehmung von ›blau‹ nicht existierte.

Wahrscheinlich haben Sie bereits einmal gehört, daß wir nur 10–14% unseres Gehirnes verwenden. Haben Sie sich einmal gefragt, wofür die übrigen 90% vorhanden sind? Natürlich *für unsere zukünftige Entwicklung,* für die Entwicklung unserer Spezies.

Aber was ist Evolution?

Evolution ist das Komplexerwerden von Energie/Materie: Energie, die wir als Materie wahrnehmen. Alles wird komplexer, wenn es sich in einer neuen Richtung entwickelt.

Es gibt zwei Arten von Evolution: Man könnte sie horizontal und vertikal nennen. Die horizontale umarmt gewissermaßen die Erde. Es ist eine irdische Angelegenheit. Die horizontale Evolution ist eine *funktionale* Verbesserung der Dinge, in der moralische Werte nicht enthalten sind.

Nehmen wir, z. B., Pfeil und Bogen. Daraus wurde zuerst eine Armbrust, dann ein Maschinengewehr, und schließlich eine Atombombe. Ist das eine Verbesserung? Natürlich ist es das. Das grundsätzliche Ziel einer Waffe wie Pfeil und Bogen ist das Töten... ob es nun Kaninchen sind oder ein Nachbar. Eine Bombe tötet viel besser, deshalb ist dies eine Evolution, eine Entwicklung. Die Waffe ist sehr viel komplizierter geworden.

Die andere Evolution ist vertikal, sie strebt zum Himmel. Auch das ist eine Verbesserung, aber in einem anderen Sinn: Die komplizierte, lärmende Energie, die der Funktionsweise eines menschlichen Wesens zugrunde liegt, wird mehr und mehr vereinfacht. Es ist also eine Bewegung in Richtung auf das eigentliche Wesen.

Diese Energie kehrt zu ihrem Wesen zurück, indem sie das Überflüssige abwirft. Und dabei entsteht durch zunehmende Vereinfachung inneres Schweigen, innerer Friede.

Wenn wir diese vertikale Evolution einmal verstanden haben und sie auf unsere physische Manifestation in dieser dreidimensionalen Welt anwenden, dann kann die Energie dieser vertikalen Evolution zu ihrem Wesen zurückkehren. Diese Rückkehr ist von Weisheit erfüllt, losgelöst, vollkommen heiter und zu guter Letzt von den Gesetzen ewiger Wiederkehr befreit.

Das ist also der Weg, auf dem Sie reisen, und Sie haben jetzt gesehen, wie wunderbar komplex Sie sind. Aber wer sind *Sie* genau? Wer ist es, der/die in all diesen Fahrzeugen fährt? Es ist das Bewußtsein, das Gefühl und die Wahrnehmung des ›Ich‹. Und es ist dieses ›Ich‹, das sich anschickt, den inneren Lärm zu beherrschen.

Die Beruhigung der Fahrzeuge

Die behaviouristische Psychologie ... betrachtet nichts als wirklich oder wahr, wenn es nicht durch die Forschung eines anderen Menschen verifiziert werden kann. Die buddhistische Psychologie ist genau das Gegenteil. Alles muß durch deine eigene Erfahrung verifiziert werden.

Walt Anderson

Wenn du einmal eine Meditationspraxis hast, die dir liegt, so kannst du sie fast überall anwenden. Du wirst bemerken, daß viele ganz gewöhnliche Augenblicke in deinem Leben hervorragend für Meditation geeignet sind: Wenn du beim Zahnarzt im Wartezimmer sitzt, wenn du auf den Bus oder auf die U-Bahn wartest. Augenblicke, die normalerweise Zeiten der Langeweile und der irrenden Gedanken waren, werden zu einem Geschenk ... zu einer Möglichkeit der Meditation.

Ram Dass

Das Schweigen ist der Garten der Meditation.

Aus den Maximen von Ali

Das Wichtigste ist es, den physischen Körper unter Kontrolle zu haben. Wenn du in dich zusammensackst, so wirst du dein Selbst verlieren. Dein Geist wird irgendwo anders umherwandern, du wirst nicht in deinem Körper sein.

Shunuyu Suzuki

2

Die Beruhigung der Fahrzeuge: Meditation und Verehrung

Nun müssen wir damit beginnen, die drei Fahrzeuge zu beruhigen. Dazu werde ich Ihnen einige Erklärungen und Methoden geben.

Vielleicht erscheinen sie Ihnen merkwürdig, aber versuchen Sie sie trotzdem. Denken Sie daran: Sie brauchen nicht zu glauben, was ich Ihnen sage.

Ganz im Gegenteil: Halten Sie Ihre kritische Fähigkeit wach. In meinen Kursen fordere ich eines ganz beharrlich: Glauben Sie niemals, was ich Ihnen sage. Probieren Sie stets selbst aus.

Wir alle brauchen Beweise. Was ich Ihnen vorschlagen kann, ist vielleicht für Sie hervorragend geeignet, für Ihren Freund aber absolut schädlich... Des einen Uhl ist des anderen Nachtigall.

Wenn Sie also irgendeine Unterweisung annehmen, so haben Sie zwar eine Arbeitshypothese, aber Sie haben nichts gelöst, weil der nächstbeste Ihnen genau das Gegenteil erzählen kann.

Aber wenn Sie etwas für sich selbst gelernt haben, so ist es das Ihrige, es ist eine persönliche Erfahrung. Niemand kann sie Ihnen nehmen. Das ist äußerst wichtig, es wird Ihnen Stabilität verleihen. Also, experimentieren Sie!

Die Vorbereitung des Fahrzeuges

Um unsere physische Gesundheit zu verbessern und Langlebigkeit zu erreichen, kann vieles getan werden. Die meisten Menschen essen viel zu viel... Außerdem gewinnen wir ohnehin nur 30% unserer Energie aus der Nahrung. Während der Verdauung verlieren wir viel Energie, und zwar aus mehreren Gründen: Wir kauen meist nicht genügend... Wir vergessen anscheinend, daß unser Magen keine Zähne hat! Wir hoffen auf die Nährwerte der Lebensmittel auf unserem Tisch, aber gleichzeitig wissen wir, daß der größte Teil dieses Nährwertes durch Raffinierung, Zusätze und Konservierungsmittel verlorengegangen ist, und dagegen können wir nicht sehr viel ausrichten.

Ich möchte nicht ausführlich über Ernährung sprechen, aber sehen Sie sich die Leute, die für die moderne Zivilisationsernährung verantwortlich sind, doch einmal an. Wenn Sie so nicht aussehen wollen, dann wäre es besser, eine andere Ernährung zu finden. Allgemein gesagt, eine Nahrung, die zu 50% Getreide enthält, schenkt Ihnen reichlich Energie und eine gesunde Ausscheidung, was ja sehr wichtig ist.

Und das vegetarische Leben? Viele von uns sind sich der schrecklichen Einzelheiten in Schlachthäusern bewußt und verspüren einen Widerwillen, unschuldigen Tieren Schmerz zu verursachen. Darüber ist bereits viel gesprochen worden, ich möchte es nicht noch einmal behandeln. Aber eines bitte ich Sie zu betrachten: Der ganze Verdauungstrakt der Menschen ist viel länger als der von fleischfressenden Tieren. Deshalb verfängt sich das Fleisch, das wir in uns aufnehmen, in den Windungen unserer Eingeweide und rottet dort tagelang. Das ist die Ursache vieler Fälle von Verstopfung, Dickdarmproblemen und Blutvergiftung. Fisch dagegen hat eine feinere Struktur und wird leichter verdaut und ausgeschieden.

Jedes manifestierte Wesen ist während seiner Evolution bewußt oder unbewußt in einen kosmischen Drang zur Befreiung begriffen. Alle Manifestation bewegt sich auf das Licht zu, d. h., auf die Transzendierung der Form. Form und Gestalt sind Grenzen der Energie. Das kann man ganz einfach dadurch sehen, daß eine Form eine äußere Grenze hat... sonst wäre sie ja amorph, formlos. Die tierischen Gruppenseelen, die jede bestimmte Spezies durch die inneren Impulse, die wir als Instinkt bezeichnen, lenken, haben jeweils einen bestimmten Weg zu diesem Ziel gewählt, der den Merkmalen dieser Spezies entspricht. Einige von ihnen, wie unsere Haustiere, haben Liebe gewählt. Durch den Austausch von Liebe entwickeln sie sich zu einer höheren Manifestation hin, sie imitieren ihre menschlichen Herren. Manche, wie z. B., die Pferde, haben den Weg des Dienens gewählt. Zum Glück ist ihr Martyrium fast zu Ende... Sie haben ihr Ziel erreicht. Andere, wie die Rinder, gehen einen langwierigen Weg: Sie werden als Nahrung für eine entwikkeltere Entität, das menschliche Wesen, assimiliert.

Wenn Sie also das Fleisch von Tieren verzehren, so seien Sie sich ihres Opfers bewußt... und das Wort Opfer (lat. sacrificium) leitet sich aus dem Ausdruck ›sacrum facere‹ ab, und das heißt, etwas ›Heiliges‹ tun. Wenn Sie sich beim Essen Ihrer Tätigkeit vollkommen bewußt sind, so wird Ihre ehrfurchtsvolle Haltung die negativen Elemente der Angst und des Schmerzes, die dieses Tier verspürt hat, auflösen.

Eines ist bei der Ernährung besonders wichtig: Die menschliche Konstitution teilt sich in positive und negative Energie, *Yang* und *Yin*. Zwar sind Männer eher *Yang*, Frauen eher *Yin*, dennoch aber hat jedes Individuum, unabhängig von seinem Geschlecht, mehr von dem einen als von dem anderen. Dasselbe gilt für die Nahrung. Wenn manche *Yin*-Speisen in übergroßen Mengen aufgenommen werden (z. B. Früchte), so entsteht ein Ungleichgewicht im Stoffwechsel. Die westliche Medizin weiß darüber nichts, und wenn ein Arzt einer Person, die bereits stark *Yin* ist, eine Fruchtdiät empfiehlt, so wird dies zu einer katastrophalen Situation führen. Nur durch eine gründliche Kenntnis der Akupunktur und der ayurvedischen Medizin können die physischen Wirkungen der Nahrung verfolgt und beherrscht werden. Selbst die Exzesse des Vegetarismus können manchmal negative Wirkungen haben. Ist Ihnen aufgefallen, daß die meisten Hindu-Gurus im Laufe der Jahrhunderte kahl gewesen sind?

Mäßigkeit in der Nahrung und angemessene Bewegung wird Ihnen dabei helfen, Ihr physisches Fahrzeug für das Erlebnis des inneren Schweigens vorzubereiten... und damit auf den Durchgang durch das Tor zu all den Möglichkeiten, die dahinter liegen.

Meditation: Die Unterteilung der Körper

Ich hoffe, daß Sie keinen inneren Widerwillen gegen die Meditation mit sich führen, etwa, weil sie zu uns aus dem Osten gekommen ist. In Wirklichkeit war Meditation auch in der frühchristlichen Kirche durchaus bekannt, sie wurde im Laufe der Jahrhunderte auch in kontemplativen Orden wie den Trappisten eingesetzt. Und nach und nach wird sie auch zögernd in einige protestantische Abzweigungen eingeführt. Die Meditation ist die grundlegende Tradition im ganzen Osten, von den Sufis des Islam bis zu den Studenten der jüdischen Qabbala. In der ganzen Welt meditieren Hunderte von Millionen Menschen jeden Tag.

Es gibt unzählige Systeme der Meditation. Aber wie auch immer das System aussieht, es ist dieser Vorgang der Zentrierung, der ruhigen Bewußtheit im inneren Schweigen, der zu einem Lebensstil wird. Die meisten Meditationsmethoden sind gut, wenn auch manche ein wenig zu orientalisch sind: Wir geschäftigen westlichen Menschen können nicht jeden Morgen mehrere Stunden damit verbringen, ein seliges Lächeln zu erlangen. Ich habe nie in einem Kloster gelebt... Ich hatte eine Ehefrau, eine Familie und berufliche Verpflichtungen, die auch genaue Termine für die Abgabe meiner Kunstwerke beinhalteten. Deshalb mußte ich nach Methoden suchen, die für westliche Menschen geeignet sind. Nach jahrelanger Suche wählte ich das System des tibetanischen Buddhismus, da es schnell und genau war.

Die Unterteilung der Körper

In dieser Tradition, die wir nun gemeinsam kennenlernen, beginnt die richtige Meditation mit *Konzentration.* Daraus entsteht die zweite Ebene, die *Meditation,* die schließlich zu der dritten Ebene, der *Kontemplation* führt.

Kontemplation bedeutet für uns im Westen nicht viel. Es ist im Grunde auch nicht viel mehr als eine gemeinhin akzeptierte Übersetzung, wenn auch eine schlechte. Sie gibt das Gefühl einer passiven, mönchischen Seligkeit und ist für aktive Menschen oftmals abstoßend. In Wirklichkeit ist es genau umgekehrt. Kontemplation ist ein Zustand, der uns erlaubt, gleichzeitiges Wissen zu synthetisieren und nicht zu analysieren. Sie empfangen die gesamte Wahrheit in einem Stück. Sie *wissen,* und das ist es. Es ist kein intellektueller Vorgang, sondern kommt ganz deutlich von anderswo her.

Die Methode, die ich Ihnen vermittle, um unsere drei Fahrzeuge bei der Meditation zu beherrschen, trennt sie im Grunde. Es ist die Unterteilung der Körper. Der physische, der emotionale und der mentale Körper stehen in ständiger Interaktion, wodurch für uns der Eindruck einer Einheit, der *Individualität* entsteht, einer Einheit also, die nicht getrennt werden kann. Aber diese Einheit kann in Wirklichkeit doch getrennt werden, wenn Sie wissen, wie es geschieht, damit unser mentales Fahrzeug fähig wird, heiter und ruhig zu denken: Es geschieht ganz einfach dadurch, daß man die anderen daran hindert, ihn die ganze Zeit zu belästigen.

Zuallererst muß der physische Körper in einen Zustand vollständiger Entspannung eintreten. Das ist ein vollkommen lockerer, kataleptischer Zustand ohne irgendeine Starre.

Der physische Körper muß voll und ganz vergessen werden. Der Körper, die Umgebung, die Interaktion der Umgebung mit dem Körper muß aufgelöst werden. Ja, das ist möglich. Sind Sie schon einmal während der Nacht von einem Insekt gestochen worden, und haben es erst am Morgen bemerkt? Der Stich hat Sie nicht aufgeweckt, weil Ihr Bewußtsein während dieser Zeit nicht auf der physischen Ebene weilte. Wenn wir den physischen Körper mental auflösen, schließen wir auch die Eingänge der fünf Sinne. Stellen Sie sich vor, daß Sie sich voll und ganz in ein wundervolles Buch vertieft haben. Sie vergessen darüber alles andere, Sie vergessen die Schmerzen in Ihrem Rücken, die Kochdünste aus der Küche und die Geräusche im Nebenraum. Eine Zeitlang ist dieses Buch für Sie die einzige Wirklichkeit.

Nun wird der emotionale Körper auch als *Astral*körper bezeichnet. Er hat eine molekulare Dichte. Er kann so fein wie Nebel oder so unsichtbar wie Feuchtigkeit sein. Deshalb können wir diesen astralen Körper gewissermaßen einfrieren. Er wird sich ruhig verhalten. Keine lärmenden Schwingungen... Winde, die über einen gefrorenen See hinwegwehen, können keine Wellen erzeugen.

Wir müssen begreifen, daß der astrale oder emotionale Körper seinen eigenen Gesetzen folgt. Alles, was Sie auf dem Bildschirm Ihres Bewußtseins visualisieren können, wird im astralen Körper reflektiert. Der astrale Körper hat nicht die Autonomie, die Reflexion eines solchen Bildes zu verweigern, genauso wenig, wie die Elektrizität sich weigern kann, einem Draht zu folgen.

Deshalb kann der physische Körper dann nicht kontrolliert werden, wenn der astrale Körper auch nur die winzigste Möglichkeit hat, die Energie durch die Nerven zu leiten. Der astrale Körper wird alles tun, was er kann (weil er gerne schwingt), um den physischen Körper zu bewegen und den Meditierenden aus dem Gleichgewicht zu werfen. Aber da er auf unsere Visualisierung reagieren muß, können wir ihn in stille Heiterkeit einfrieren.

Was den denkenden Verstand anbelangt, so werden wir ihn zunächst in Ruhe betrachten und dann werden wir ihm etwas zu tun geben. Die Methode ist wie folgt:

Finden Sie zunächst einen Ort, wo Sie ungestört sein können. Sitzen Sie auf dem Boden, auf einer Matte oder einem Kissen und kreuzen Sie Ihre Beine im Schneidersitz. Diese traditionelle Meditationshaltung wird Ihren Körper entspannt, aber wachsam, und das Rückgrat gerade halten. Wenn Sie sich in den Knie- oder Fußgelenken nicht wohl fühlen, so setzen Sie sich auf ein höheres Kissen oder einen kleinen Schemel. Wenn Ihr physischer Zustand es nicht erlaubt, auf dem Boden zu sitzen, so können Sie ohne weiteres auch einen Stuhl mit gerader Lehne verwenden. (Das wird als die ägyptische Haltung bezeichnet). Es ist besser, wenn Sie die Füße nicht überkreuzen, sondern beide Füße auf dem Boden aufsetzen.

Legen Sie sich nicht nieder, Sie werden doch nicht schlafen und die ganze Show versäumen wollen! Aber wenn Sie einmal an das Meditieren gewöhnt sind, so können Sie hin und wieder auch aufrecht im Bett mit Kissen sitzen... jedenfalls solange Sie wach und aufmerksam sind.

Ich möchte Ihnen empfehlen, für jede Meditation denselben Ort, dieselbe Ecke, zu verwenden. Dieser Platz wird nach und nach von Ihrer eigenen friedvollen Energie durchtränkt und Sie werden zur Ruhe kommen, auch wenn Sie nur einfach dort sitzen. Vielleicht möchten Sie noch einen kleinen Tisch und eine Konsole mit einer Kerze, mit Blumen und Weihrauch hinzufügen. Das sind zusätzliche Hilfsmittel, aber sie können die richtige Stimmung erzeugen und die Bühne vorbereiten.

Atmen Sie nun mehrere Male tief ein und bereiten Sie den Körper darauf vor, sich zu entspannen. Sie lassen Ihren Körper wissen, daß dies nun eine besondere Zeit ist. Atmen Sie im Zwerchfell: Wenn Sie einatmen, dehnt es sich aus und hebt die Luft in Ihre Lungen, wenn Sie ausatmen, wird es hohl. Atmen Sie sanft und langsam.

Wenn Sie voll und ganz entspannt sind, so besteht der nächste Schritt darin, den physischen Körper ›aufzulösen‹, indem Sie die Energie wegnehmen. Beginnen Sie bei Ihren Zehenspitzen und fühlen, spüren, visualisieren Sie, daß Sie die Energie von den Füßen zu den Fußgelenken, dann zu den Knien und weiter in die Schenkel leiten. Tun Sie das, bis beide Beine durch und durch entspannt sind. Heben Sie als nächstes die Energie von Ihren Fingerspitzen in die Hände, weiter hinauf bis zu den Ellenbogen und schließlich langsam bis zu den Schultern. Hände und Arme sind entspannt. Jetzt wandert die Energie vom Gesäß durch den ganzen Rumpf und Oberkörper hinauf. (Vielleicht hilft es Ihnen, diesen Vorgang wie das Steigen von Wasser in einem Tank zu visualisieren.) Die Energie verläßt den Bauch, geht zur Brust hinauf, wandert weiter zur Kehle, dann schlucken Sie einmal kurz.

Die ganzen Nackenmuskeln entspannen sich, die Muskeln um den Mund werden schlaff, die Stirn ist glatt und frei von Spannung.

Stellen Sie sich vor, daß Ihre physische Energie durch eine kleine Öffnung genau in der Mitte Ihres Kopfes austritt... Es ist dieselbe Stelle, die bei einem Säugling weich ist. Hier ist das Kronen-Chakra. *Chakra* ist das Sanskrit-Wort für das Zentrum psychischer Energie. Dafür haben wir bisher noch kein Wort im Englischen.*)

Stellen Sie sich als nächstes vor, daß Ihr Körper schwer, so schwer wie Blei ist. Empfinden Sie ihn wie eine Bleistatue. Sie haben die ganze Energie aus Ihrem physischen Körper genommen. Ihr Körper ist vollkommen ruhig. Denken/fühlen/visualisieren Sie jetzt in Ihrem Bewußtsein, daß Ihr Körper aus weißem Wachs wie Kerzenwachs besteht. Fühlen Sie ihn als Wachs, fühlen Sie die Struktur, spüren/sehen Sie die Farbe. Erkennen Sie dann, daß Sie kein fester Körper aus Wachs sind, sondern nur ein dünner Wachsfilm wie eine überzogene Kerze. Wie eine Kerzenstatue des Buddha. Fühlen Sie sich ganz leicht, fast überschäumend vor Energie.

Machen Sie sich keine Gedanken über den ›Sinn‹ dieser Bilder. Sie sind absichtlich irrational. Wir müssen doch den Verstand umgehen, erinnern Sie sich?

Stellen Sie sich dann unter dem hohlen weißen Wachs einen Untergrund aus roten, flammenden Kohlen wie in einem Schmiedefeuer vor. Das Wachs beginnt zu schmelzen und wird zu einer Wolke aus weißlichem Rauch. Der physische Körper ist verschwunden. Jetzt haben wir nur noch un-

---

*) Das Wurzel-Chakra, das *Muladhara,* liegt an der Basis der Wirbelsäule. Das zweite Chakra, das *Swadhistana,* ist unter dem Nabel und wird von den Chinesen als *Chi* bezeichnet. Das dritte feine Energiezentrum am Solar Plexus ist das *Manipura. Anahata* ist der Name des Herz-Chakra in der Mitte der Brust. An der Kehle liegt das *Vishudda,* und zwischen den Augenbrauen befindet sich das *Ajna Chakra* oder ›Dritte Auge‹. Wenn diese sechs Chakras entwickelt sind, so erscheint auch das Siebte, das Kronen-Chakra oder *Sahasrara,* das auch als Tausendblättriger Lotus bekannt ist.

seren emotionalen oder astralen Körper. Dies ist ein Körper aus Nebel, wie ein Schneemann aus Nebel, der keine klaren Züge hat und ein wenig größer ist als unser physischer Körper. Das ist der astrale Körper der Emotionen… der, der so schwer zu beruhigen und zu beherrschen ist. Aber wir werden ihn kontrollieren. Sehen Sie, wie das Weißlich-Blau des astralen Körpers immer und immer tiefer blau wird wie Eis. Es ist ein kaltes gefrorenes Blau wie auf verschneiten Berghängen, wenn die Sonne untergegangen ist. Sagen Sie sich nun: »Mein astraler Körper ist gefroren. Er ist entspannt und heiter. Alle meine Emotionen sind *voll und ganz* ausgeschaltet, all meine Emotionen sind jetzt ausgelöscht, mein astraler Körper ist gefroren.«

Sagen Sie sich das zwei oder drei Mal, bis Sie es wirklich fühlen.

Sobald Sie die blaue Farbe des astralen Körpers visualisieren, können Sie Ihre Aufmerksamkeit zu einem Punkt zwischen den Augenbrauen, dem sechsten Chakra, dem ›Dritten Auge‹, heben. Sie sind im mentalen Körper. Sehen Sie eine große, goldene Scheibe. Denken/fühlen/sehen Sie sie. (Visualisierung ist für manche Menschen schwieriger als für andere. Aber versuchen Sie es nicht wirklich auf Ihren geschlossenen Augenlidern zu *sehen*. Denken Sie es, fühlen Sie es, stellen Sie sich selbst darin vor. Mit sorgfältiger Übung wird es leichter werden.)

Sagen Sie: »Ich bin in meinem mentalen Körper. Mein mentaler Körper ist voll und ganz entspannt.« Und sofort sehen Sie das Wort FRIEDE auf der goldenen Scheibe in großen schwarzen Blockbuchstaben erscheinen. Sehen Sie jeden Buchstaben einzeln, und gleichzeitig das Wort als Ganzes. Halten Sie dieses Bild fest.

Bleiben Sie in den ersten paar Meditationswochen bei diesem Wort und beobachten Sie einfach nur, daß Ihr Verstand ruht. Wenn irgendwelche Gedanken kommen, so sehen Sie zu, wie sie gleich Wolken im Himmel vorbeiziehen. Die Wolken kommen und gehen, der Himmel bleibt. Wenn eine Abfolge von Gedanken Sie einige Sekunden lang mit sich zieht, so kehren Sie einfach wieder zurück, wenn es Ihnen auffällt. Stellen Sie die Scheibe und das Wort FRIEDE wieder her.

Wenn Sie eine erfrischende Zeit in Frieden und innerem Schweigen genossen haben, so beenden Sie diese meditative Übung, indem Sie allen drei Körpern Energie in Form eines goldenen Lichtes zurückgeben. Gold ist eine Heilfarbe, ein Symbol von Lebenskraft. Sie sollten nun den Vorgang umkehren. Sehen Sie die goldene Scheibe ohne das Wort. Nähern Sie sich Ihrem astralen Körper und füllen Sie ihn vom Kopf herab mit goldenem Licht. Erfahren Sie dann Ihren physischen Körper, während Sie sitzen. Wenn Sie einen tiefen Atemzug holen, so erfüllen Sie auch diesen Atemzug mit goldenem Licht. Wenn Sie jetzt die Augen öffnen, so fühlen Sie sich stark, zuversichtlich und gesund.

Lassen Sie sich nicht entmutigen, auch wenn der Weg zur Beherrschung dieser Methode über viele Schritte und Bilder führt. Lesen Sie die Anweisung zweimal durch, bevor Sie mit dem Vorgang beginnen und lesen Sie sie ein zweites Mal durch, wenn es Ihnen notwendig erscheint. Am nächsten Tag wird es Ihnen bereits natürlicher vorkommen, und in einigen wenigen Tagen wird es sich ohne alle Mühe entfalten.

Nach drei oder vier Wochen ist es dann an der Zeit, tiefer in das Schweigen des Meditation einzudringen. Richtige Meditation ist das Herabsinken in vollkommenes Schweigen. Ein Schweigen der Sinne, ein Schweigen der Muskelspannung, ein Schweigen der Gefühle.

Die fortgeschritteneren Methoden der Konzentration, Meditation und Kontemplation sind in Kapitel 5 zu finden. Vorerst empfehle ich Ihnen nur, mit der Unterteilung der Körper zu arbeiten. Es ist ein wenig, als ob man lernt, Klavier zu spielen. Sie beginnen nicht gleich mit Konzerten, sondern üben lediglich Tonleitern. Diese Anfangsmeditation ist vielleicht ein wenig wie Tonleitern spielen, aber sie ist nicht zu langweilig. Bald werden Sie eine Kontrolle über Ihre drei Fahrzeuge haben, die sich dann in Meisterschaft verwandelt.

Die beste Zeit für Meditation ist am frühen Morgen. Alle anderen Zeiten sind auch wichtig, aber das ist der beste Augenblick. Die Früchte dieser Meditation werden sich wie ein goldenes Licht über Ihren ganzen Tag breiten.

Verehrung

Eine Haltung, ein Gefühl, ein Zustand ist für die Meditation unumgänglich notwendig, und das ist Verehrung oder Ehrerbietung. Der Zustand der Ehrerbietung in der Meditation wird über den Verstand hinaus zu einer neuen Wahrnehmung führen. Es ist ein Vorgeschmack des inneren Schweigens. Es ist Liebe ohne einen festen Punkt, Liebe ohne ein Ziel. Es ist Religiosität ohne Idole.

Wie finden Sie diesen Zustand, der Ihr Zentrum ist? Blikken Sie einmal in Ihre Vergangenheit zurück. Sehen Sie nach, ob es in Ihrer Jugend etwas gegeben hat, was diesen Zustand hervorgerufen hat: Kirchenlieder, ›Ave Maria‹, Kerzen und Weihrauch, Gebete, eine leere Kirche, ein Tempel… Lassen Sie diese Elemente, diese Augenblicke neu entstehen, wenn Sie in Ihnen einen Zustand der Ehrerbietung auslösen. Hören Sie sich Kassetten mit religiöser Musik an (vielleicht von Mönchen, die gregorianische Choräle singen), und versuchen Sie sich in das Ritual einzufügen, hören Sie ihre Klarheit der Liebe und Hingabe. Vielleicht neigen Sie nicht zu Hingabe, aber Sie können den Drang zur Hingabe bei anderen nützen, der sich im Lauf der Zeit angesammelt hat. Sie können Ehrerbietung für die Ehrerbietung selbst haben. Wenn Ihnen keine Erinnerung aus der Kindheit hilft, so stellen Sie sich den großen mächtigen Sternenhimmel vor, all die weiten Räume über Ihnen mit all ihren Millionen von Sternen und Milchstraßen. Oder noch besser: erleben Sie den strahlenden Nachthimmel in der Wüste, fern von den Lichtern der Stadt. Sie sollten ein Gefühl der Ehrfurcht, der liebevollen und vertrauensvollen Hingabe an etwas Größeres in sich verspüren, etwas, nach dem Sie streben. Das ist Ehrerbietung, das ist Verehrung. Und daraus entsteht tiefes Mitgefühl, und dieses Mitgefühl öffnet die Türen zu all Ihren Fähigkeiten.

Jetzt wollen wir von den Methoden wieder zu den Erklärungen zurückkehren... und darunter ist vielleicht sogar eine Erklärung des Grundes, warum Sie dieses Buch lesen.

Wie wir unsere Welt erschaffen

Die Erforschung der atomaren und subatomaren Welt im zwanzigsten Jahrhundert hat eine unerwartete Beschränkung klassischer Vorstellungen erkennen lassen und hat eine radikale Revision von vielen unserer grundlegenden Begriffe notwendig gemacht.

Fritjof Capra

Die Zauberer sagen, daß wir innerhalb einer Blase sind. Es ist eine Blase, in die wir im Augenblick unserer Geburt gesetzt werden. Zuerst ist die Blase noch offen, dann beginnt sie, sich zu schließen, bis sie uns richtig eingeschlossen und versiegelt hat. Diese Blase ist unsere Wahrnehmung. Wir leben innerhalb dieser Blase unser ganzes Leben lang. Und was wir auf ihren runden Wänden wahrnehmen, ist lediglich unser eigenes Spiegelbild.

Castaneda

Die ganze Welt ist eine Bühne.

William Shakespeare

Wir haben geträumt, daß die Welt fest, geheimnisvoll, sichtbar und allgegenwärtig im Raum wie auch dauerhaft in der Zeit ist. Aber in ihrer Architektur haben wir feine und ewige Spalten der Unvernunft zugelassen, die uns sagen, daß es nicht stimmt.

Jorge Luis Borges

3

Wie wir unsere Welt erschaffen

Eines Tages erwachen wir plötzlich und erkennen die Notwendigkeit, unser Leben zu verändern, wir erkennen, daß wir einer Art Schicksal oder wie auch immer wir es nennen wollen, zum Opfer gefallen sind. Dies ist tatsächlich ein Wetterleuchten der Rebellion, und es leitet sich aus einer gewissen Ebene der Reife her, die durch die Ansammlung der Lebenserfahrungen erreicht wurde. Je schlechter diese Erfahrungen sind, um so schneller wird die Rebellion sich einstellen.

Aber wenn wir beginnen, die Welt in unserer Umgebung verändern zu wollen, so erkennen wir, daß dies fast unmöglich ist, denn die Welt ist bereits verfestigt. Dann kommen Fragen auf wie: »Warum bin ich überhaupt geboren? Woher komme ich? Was habe ich hier überhaupt zu tun? Was wird mit mir im Rest meines Lebens und... danach geschehen?« Dieses erste ›Warum‹ zu fragen, ist bereits der erste Schritt auf dem Weg zur Weisheit.

Die Illusion der Sinne

Wir werden uns jetzt mit der Illusion der Sinne beschäftigen. Bleiben Sie mir auf den Fersen. Es wird ein wenig Anstrengung von Ihnen erfordern, aber das müssen Sie auf sich nehmen.

Wenn wir diese ›Warum‹-Fragen an den rationalen Verstand stellen, so werden wir ruhelos und frustriert werden. Wenn wir ›warum‹ fragen, so dringen wir in die Dimensionen jenseits des rationalen Verstandes vor, bemerken aber, daß wir immer noch die gleichen alten Meßinstrumente verwenden, nämlich Zeit, Raum, Ursache und Wirkung. Das ist es, was in der traditionellen Wissenschaft geschieht. Sie wird Ihnen immer sagen, wie, wieviel und wann, aber kaum einmal wird Sie ihnen das ›Warum‹ erklären können. Unser Computer, der rationale Verstand, empfängt seine Daten *nur* durch die fünf Sinne und streitet deshalb alles ab, was nicht mit einen Regeln übereinstimmt. Und diese Leugnung ist ein Hindernis für unsere Entwicklung.

Ich möchte unseren rationalen Computer keineswegs herabsetzen. Ganz im Gegenteil, ich erkenne und achte seine Werte, und versuche den Verstand durch meine Erklärungen zum Verbündeten zu machen. Ich glaube, es ist mir im Laufe der 45 Jahre, in denen ich gelehrt habe, gelungen, das zu tun. Dennoch aber hat der Verstand seine Grenzen. Und wenn eine Maschine Grenzen hat, so gilt dies auch für ihren Output. Wir alle nehmen die Welt entsprechend unserer eigenen Anlagen, Werte und Persönlichkeit wahr. Und in dieser wahrgenommenen Welt kann nichts ohne das angemessene Verständnis und die angemessenen Methoden verändert werden. Deshalb wollen wir zuerst die Art und Weise betrachten, in der wir die Schöpfer unserer Welt sind.

Klang

Da dieses Buch das Schweigen zum Thema hat, werden wir mit dem Klang beginnen. Gibt es irgendeinen Klang?

Nein. Natürlich haben wir es als Kinder anders gelernt. Wir haben gelernt, daß die Klangwellen auf dem Trommelfell auftreffen und zum Gehirn weitergeleitet werden, wenn ein Gong angeschlagen wird. Aber das ist der reine Unsinn. Ich weiß nicht, warum es leichter ist, eine Lüge zu lehren als eine Wahrheit, aber so ist es eben in unserer lärmenden Zivilisation.

In Wirklichkeit findet folgendes statt: Alle Objekte auf diesem Planeten sind in Luft getaucht. Wenn ich einen Gong anschlage, so wandern die Luftwellen (die Luft, in der der Gong vibriert) zu den Ohren. Dort treffen sie auf ziemlich komplizierte Vorrichtungen: das Trommelfell, die Cochlea, den kleinen Hammer, den kleinen Steigbügel. Die Luftwellen schwingen ein wenig dort herum und erreichen dann einen Nerv, den achten Cranialnerv, der zum Gehirn hinaufwandert, wo sie dann die Schaltkreise unserer zerebralen Anlage gewissermaßen kitzeln.

In diesem Augenblick erst werden die Luftwellen zum Klang. Vorher gibt es überhaupt keine Klangwellen. Wenn Sie sich auf dem Mond befinden, können Sie einen Gong solange anschlagen, bis Ihr Arm schmerzt, aber nichts wird geschehen.

Warum? Weil es dort keine Luftwellen gibt, die Ihre Ohren berühren, und deshalb auch keine Möglichkeit, einen Klang zu hören.

Wenn ein großer Cellist ein Konzert gibt, so tut er dabei im Grunde nur folgendes: Er kratzt mit Pferdeschwanzhaaren, die auf einem Bogen gespannt sind, getrocknete Katzeneingeweide, die über eine Holzschachtel gespannt sind. Dadurch entstehen Luftschwingungen, die unsere Ohren erreichen und Signale an unser Gehirn weitergeben. Dies schlägt uns in Bann und, ob Sie es glauben oder nicht, es kann sogar die spirituelle Wellenlänge eines Publikums verändern.

Im Laufe der Jahrhunderte haben wir Musik dadurch organisiert, daß wir einige dieser kitzelnden Empfindungen im

Ohr als hohe Töne, andere als mittlere oder tiefe Töne betrachtet haben, die einen als angenehm, andere als kreischend, wieder andere als weich. Und wenn all diese Töne im Kratzen der Katzeneingeweide gut balanciert sind, dann sind alle äußerst glücklich.

Also leider, armer Wolfgang, armer Ludwig, es gibt nirgendwo eine wirkliche Musik.

Und so ist es eben, liebe Freunde! Kein Lärm, kein Klang, äußerstes Schweigen. All der Donner, die Stimmen, die Musik und das Liebesgeflüster haben als solche niemals irgendwo existiert. *Und zwar deswegen, weil wir, und nur wir, in unserem Bewußtsein die Schöpfer des Klanges und unserer Welt sind.*

Diese Aussage wäre für die herkömmliche veraltete Sicht der Wissenschaft voll und ganz inakzeptabel gewesen. In Wirklichkeit aber ist es die Wurzel unserer eigenen Kraft, die Grundlage für die Verwandlung unseres Lebens, unseres gegenwärtigen und zukünftigen Schicksals. Wir sollten nicht glauben, daß dies anmaßend ist. Vielmehr spricht bereits die Bibel davon, daß wir im Ebenbild unseres Schöpfers geschaffen sind! Deshalb sind wir Schöpfer, nichts mehr und nichts weniger.

Oder sollten wir glauben, daß unser ›Bild‹ auf unsere vier Gliedmaßen beschränkt sein sollte? Und dazu vielleicht noch Nase und Ohren? Wenn die Gottheit tatsächlich auf diese begrenzte menschliche Art und Weise beschaffen wäre, wäre sie dann nicht wirklich eine sehr ärmliche Gottheit?

Das aber hat der menschliche Geist in seiner Sucht nach Objektivierung geschehen lassen. Wir haben die biblische Aussage (die ja eigentlich richtig war) umgekehrt und haben in unserer anthropomorphen Manie die Gottheit zu einem Idol gemacht, obwohl wir gerade davor ganz besonders gewarnt worden waren.

Der Gesichtssinn

Und wie steht es nun mit dem Gesichtssinn? Das erste, was Sie sehen, ist die Wand vor Ihnen. Aber Sie können die Oberfläche nicht sehen, ohne auch Farbe zu sehen. Es ist der Unterschied zwischen Farben, Helligkeiten und Oberflächenstrukturen, der Ihnen die Größe und Form von Gegenständen im Raum verrät.

Wie nehmen wir das wahr, was wir als ›Farbe‹ bezeichnen? In vollständiger Dunkelheit können wir keine Farbe sehen. Die Energie, die wir als Licht bezeichnen (die ein Gewicht hat, das durch seine Wirkung gemessen werden kann), trifft auf einen bestimmten Gegenstand, den wir als X bezeichnen wollen. Wir können von X nichts sehen, solange es nicht vom Licht getroffen wird. Dieses X kann eine bestimmte Quantität von Lichtenergie (Photonen) absorbieren… so und so viel und nicht mehr. Manche Gegenstände sind gefräßig, sie nehmen soviel Lichtenergie in sich auf, daß sie sich aufheizen und nur wenig zurückgeben. Wir empfangen dann auf unserer Netzhaut so wenig von der Lichtenergie, daß wir die dunklen Oberflächen dieser Gegenstände kaum wahrnehmen, und deshalb bezeichnen wir sie als ›dunkel‹. Andere Gegenstände geben fast die ganze Wirkung der Photonen großzügig wieder zurück, und wir empfangen ihre Wirkung auf unserem Auge als einen blendenden Schock, wie etwa die Reflexion der Sonne auf Schnee. Die verschiedenen Absorptionsgrade eines jeden dieser Gegenstände in unserer Umgebung erzeugen die verschiedenen Töne unserer bunten Welt.

Was können wir daraus lernen? Das erste Ergebnis, das wir durch diese Analyse erhalten, lautet wie folgt: *Wir sehen niemals den Gegenstand oder sein Wesen selbst,* sondern immer nur den reflektierten Anteil des Lichtes, der nicht absorbiert wurde. Das nächste Ergebnis besteht darin, daß wir nur dieses zurückgeworfene Licht sehen, das unsere Augen wahrnehmen können. Zum Beispiel sind Infrarot- oder Ultraviolettstrahlen für unsere Augen nicht unmittelbar sichtbar, deshalb werden sie in einem photomechanischen Gerät mit einem Grün- oder Grauton übersetzt. Wir sehen nur das, was die charakteristische Absorbtionsqualität eines Gegenstandes uns sehen läßt. Und diese reflektierte Quantität ist noch durch unsere natürliche Begrenztheit verringert, die uns daran hindert, eine weitere Farbskala wahrzunehmen. Wir sehen nur die Farbe, die der Gegenstand *nicht hat!*

Die guten alten Philologen des 18. Jahrhunderts übersetzen das Sanskrit-Wort *maya* als ›Illusion‹. Aber jetzt können Sie verstehen, was mit Illusion gemeint ist... Die Illusion, daß wir die gesamte Welt so sehen, wie sie ist, während wir Menschen in Wirklichkeit nur einen ganz kleinen Anteil der Realität der Welt wahrnehmen... unsere eigene begrenzte Sicht.

Sie werden immer wieder das Wort ›Begrenztheit‹ von mir hören. Mit Begrenztheit meine ich all das, was unsere fünf Sinne uns von dem uns umgebenden Kosmos wahrnehmen lassen. Der Verstand ordnet die Sinnesreize, die durch unsere Sinne vom äußeren Chaos empfangen wurden. Alles, was wir jemals lernen können, muß unablässig durch diesen Bezugsrahmen hindurchgehen.

Dieses Chaos ist für den Verstand schrecklich und grauenhaft. Durch diese Angst vor dem Leeren begannen wir als verdichtete Entitäten, während der ganzen Evolution unserer Spezies, das *Bollwerk unserer Sinne* zu erschaffen, und diese Sinne haben sich nach und nach bis zu ihrer gegenwärtigen Detailliertheit und Präzision entwickelt und bilden nun eine Art Blase, in der wir leben. In Wirklichkeit also sind wir in einer Blase eingeschlossen, die von Spiegeln gesäumt ist, eine Blase, die durch unsere Wahrnehmungsgrenzen gebildet wird, und wir schweben in ihr in der Leere. Alle Einbrüche von ›dort draußen‹ durch Sprünge in unserer Wahrnehmungskugel erscheinen erschreckend, ›paranormal‹, unheimlich.

Der Tastsinn

Unser primitivster Sinn ist der Tastsinn. Mehr noch als der Gesichtssinn ist er unser wichtigster Datenempfänger. Immer dann, wenn wir uns über irgend etwas im unklaren sind, strecken wir unsere Hand aus und haben dann das Gefühl, daß es irgend etwas Festes, irgend etwas Beruhigendes zu greifen gibt, etwas, was wir zu guter Letzt als ›real‹ bezeichnen können. Diese Gewohnheit ist zu einem automatischen Reflex geworden... Die Menschen sagen: »Ich glaube, was ich sehen und berühren kann.«

Nehmen wir an, Sie ›berühren‹ eine Betonmauer. Nichts ist für unsere Sinne realer oder gegenständlicher, nicht wahr? Was aber geschieht wirklich? Aus welchem Material diese Mauer nun bestehen mag, im Grunde ist sie aus Atomen zusammengesetzt. Aber was ist ein Atom? Wir haben erfahren, daß es aus einem Kern oder Zentrum und den Elektronen besteht, die wie in einem kleinen Sonnensystem um dieses Zentrum kreisen. Die jeweils verschiedene Zahl dieser Elektronen bestimmt die Materie, den Baustoff, mit dem wir es zu tun haben.

Aber weder der Kern, noch die Elektronen sind ›Materie‹ im landläufigen Sinne. Mit Materie meinen wir natürlich etwas Festes, und ein ›materielles‹ Atom ist für unsere Vorstellung ein kleines Körnchen von irgend etwas unendlich Kleinem, wie ein mikroskopisches Sandkörnchen. Im Gegensatz dazu aber sind Atome nichts mehr oder weniger als Energiefelder.

Diese kleinen Wirbelwinde der Energie werden durch eine Kraft zusammengehalten, die wir als ›Kohäsion‹ bezeichnen können, und die Intensität dieser Kohäsion bestimmt die charakteristischen Merkmale der Materie, wie wir sie kennen. Im Falle der Betonmauer haben wir einen Kohäsionsfaktor von, sagen wir, 200. Wenn dieser Stoff nun in Kontakt mit einem Bohrer aus gehärtetem Stahl kommt, der beispielsweise einen Kohäsionsfaktor von 500 hat, und wenn wir diesen Bohrer nun mit noch mehr Energie, der Energie der Einwirkung laden, so können wir erwarten, daß der Stoff, dessen Kohäsion stärker ist, das schwächere Feld durchdringt. Der Bohrer wird also die Mauer durchlöchern. Und dennoch lautet unsere nächste Schlußfolgerung, daß unser Tastsinn, der doch so realistisch und beruhigend erscheint, nichts anderes ist als eine weitere Sinnesillusion der Realität. Wir können in keiner Weise das Wesen dessen berühren, was wir als Betonmauer bezeichnen. Bestenfalls können wir ein bestimmtes Feld energetischer Kohäsion, das schwächer oder stärker ist, einem anderen entgegensetzen und auf diese Weise (durch die Übermittlung unserer Nervenzellen bis zum Gehirn) die Empfindung der Festigkeit erzeugen. Wenn wir dagegen unsere Hand gegen Luft oder Wasser drücken, so entsteht die Empfindung der Weichheit oder Durchlässigkeit des Stoffes.

Beachten Sie, daß wir in beiden Fällen nur unseren eigenen Wahrnehmungsgrenzen begegnet sind. Deshalb sage ich, daß unsere Blase innen mit Spiegeln gesäumt ist, denn wir nehmen immer das wahr, was wir sind. Das Wesen von X ist noch immer X und wird auf unserer menschlichen Ebene immer so bleiben. Diesen Tatbestand hat Kant formuliert, als er sagte: »Für unseren menschlichen Zustand ist alle Transzendenz unmöglich, da das Noumenon durch die menschliche Erkenntnis in ein Phänomenon verwandelt wird.«

Geschmacks- und Geruchssinn

Das gleiche Prinzip ist auf den Geschmacks- und Geruchssinn anwendbar. Geschmack ist ein Elaborat von Botschaften, die von den Papillen unserer Zunge durch das Nervensystem zum Gehirn geschickt werden. Und umgekehrt empfangen Sie Empfindungen, die durch die chemischen Prozesse der Mischung von Speichel mit Teilchen von X erzeugt werden. Dieses X können wir ›sehen‹, ›fühlen‹ oder sogar ›hören‹ (wie etwa den Biß in einen Apfel), aber wir erkennen es nicht *in seinem Wesen.* Geruch entsteht dadurch, daß Teilchen in Berührung gebracht werden mit den feuchten Schleimhäuten des Nasentraktes, es entspricht in etwa dem Vorgang des Schmeckens.

Wir schaffen unsere Welt durch Begriffe

Jede Botschaft, die uns durch jedes einzelne Sinnesorgan übermittelt wird, ist vollkommen isoliert und hat keine Ähnlichkeit mit irgendeinem anderen. Es dauert eine gewisse Zeit und kostet ein wenig Anstrengung, um dies voll und ganz zu verstehen.

Wenn ich zum ersten Mal ein Geräusch höre, das durch das Anschlagen eines mir unbekannten Gegenstandes entsteht, kann ich daraus weder seine Gestalt, seine Farbe, seinen Geschmack oder Geruch ableiten. Auch die Farbe eines Gegenstandes, den ich niemals gesehen habe, kann mir keinen Aufschluß über seinen Geruch, seine Festigkeit oder seinen Geschmack geben.

Vielleicht werden Sie sagen, daß man aus der Farbe eines Apfels in etwa seine Festigkeit und seinen Geschmack ableiten kann. Ja, und das bringt uns zum nächsten Punkt... Die Gegenständlichkeit dieser Welt basiert auf der mentalen

Konstruktion, die wir als ›Begriffe‹ bezeichnen, und diese Begriffe entstehen durch Ableitungen aus erworbener Sinneserfahrung, dem *Gedächtnis.* Aus Erfahrung wissen wir, daß grüne Äpfel sauer und hart sind. Wir wissen, daß eine hohle Holzschachtel einen hohlen Klang erzeugt, und daß Saiten, die auf einer kleinen Holzbrücke darüber gespannt werden, das erzeugen können, was wir dann ›abgeleitet‹ als Violinen- oder Gitarrenklang bezeichnen.

Es ist so, als ob man ein Zimmer auf einer Bühne aufbaut. Mit der Errichtung jeder einzelnen zusätzlichen Wand wird die Szene immer ›realer‹. Wenn wir dann noch eine Decke hinzufügen, so ist das das letzte Versatzstück, das zu unserer Vorstellung eines Raumes gehört. Je mehr ›Zimmer‹-Einzelheiten wir hinzufügen: Lampen, Fenster, Türen, um so realer wird das Zimmer.

Wir wollen zusammen eine Erfahrung erschaffen: Auf einem Tisch sehen wir einen kleinen, weißen Würfel. Er scheint eine rauhe Oberfläche zu haben. Wir nehmen an, daß es ein Zuckerstück ist. Das wollen wir nun überprüfen. Er wird tatsächlich zu Zucker werden, wenn alle die Elemente, die wir mit dem Begriff ›Zucker‹ verbinden, vorhanden sind. Also berühren wir es. Ja, es ist hart. Es hat auch eine rauhe Oberfläche... Aber ist es süß? Wenn ja, dann ist unsere begriffliche Arbeit beendet, es ist Zucker. Wenn jedoch der Würfel auf dem Tisch nicht süß ist, so fällt er in eine andere Kategorie von Gegenständen, unter einen anderen Begriff: beispielsweise ein Stück groben Marmors. Und unser Verstand wird nicht zur Ruhe kommen, bevor wir nicht eine Erklärung für seine Existenz gefunden haben (etwa ein Stück aus einem Baukasten, ein Juxobjekt usw.). Der Verstand wird darauf insistieren, diesen Gegenstand in eine wohldefinierte Kategorie einzuordnen.

Deshalb leben wir in einer Welt, in der Gegenstände, die durch unsere begrenzten Sinne auf eine begrenzte Weise wahrgenommen werden, uns die Illusion vermitteln, die ganze Wirklichkeit zu sein. Tatsächlich aber sind sie eher wie Eisberge: Der Teil, der von unseren Sinnen wahrgenommen wird, ist nur das Stück eines Ganzen, das wir nicht erkennen können, das unter dem Wasserspiegel unserer Beobachtungsfähigkeit liegt. *Wir nehmen nicht das Ganze, geschweige denn das Wesen wahr.*

Und wenn wir dann untereinander kommunizieren, so tauschen wir Begriffe aus. Wenn ich sage, ich werde Ihnen einen Apfel schenken, so wissen Sie nicht wirklich, was ich Ihnen geben werde, bevor ich für Sie Farbe, Alter, Größe und Geschmack definiere. Mit jedem weiteren ›Begriff‹ wird mein Apfel in Ihrem Bewußtsein realer werden. Aber entspricht meine Vorstellung von ›Rot‹ Ihrer Vorstellung von ›Rot‹? ›Süß‹? ›Groß‹? Sie müssen sich schon auf Vergleiche verlassen, das heißt also, auf Ihre Sinneserfahrung. Deshalb ist selbst genaue Definition immer nur annähernd.

Wenn ein 10jähriger Schuljunge in Schottland von einem ›großen Schmetterling‹ spricht, ist es dann derselbe ›große Schmetterling‹ eines 10jährigen brasilianischen Jungen? Und das führt uns zu einem weiteren Schritt in der Subjektivität unseres Universums. Um irgend etwas als real zu betrachten, brauchen wir die Kooperation der Mehrheit. Wenn ich eine Blumenvase auf einem Tisch sehe, und die zwölf anwesenden Personen entschieden abstreiten, daß dort ein Blumentopf steht, so werde ich an seiner Realität Zweifel entwickeln, so sehr meine fünf Sinne auch seine Existenz wahrgenommen haben. Ich werde dann den Blumentopf als ›für mich real‹ einstufen, aber es ist etwas Subjektives, etwas wie ein Traum, den ich zwar akzeptieren muß, dennoch aber nicht als ›real‹ klassifizieren kann.

Vielleicht brauchen Sie jetzt ein wenig Zuversicht. Ich sage Ihnen zwar unablässig, daß unser Verstand und unsere fünf Sinne begrenzt sind, dennoch aber sind sie für unser

Überleben absolut notwendig. Sie haben sich aus den frühesten blinden, wurmartigen Anfängen über Millionen von Jahren entwickelt. Sie waren unabdingbar für unser sich entwickelndes Bewußtsein, das aus dem tiefen Schlaf der Natur erweckt wurde. Stellen Sie sich unser primitives Selbst vor, das in der Dunkelheit der Leere nach außen tastete.

Nachdem wir imstande waren, Berührungen zu empfinden, begannen wir mit ›Sehpunkten‹, wie sie etwa der Efeu hat, und dann erschufen wir immer feinere Instrumente, die schließlich durch die Reflexion durch Lichtteilchen, Photonen, sensibel wurden… unsere Augen. Und was die Begrenztheit des Verstandes anbelangt, so ermöglichten diese Instrumente dem neugeborenen Gehirn, all die verschiedenen Reize, die aus dem Chaos der kosmischen Unermeßlichkeit hereinkamen, in Kategorien zu fassen, zu katalogisieren und zu unterscheiden. Eine rationale Intelligenz wäre ohne Koordinaten und Bezugsrahmen verloren; kein Ereignis könnte jemals zu einer Erfahrung werden, keine Erfahrung könnte jemals in der Erinnerungsbank gespeichert werden… Es bliebe bei einem Chaos von irrationalen, ohne Ende explodierenden Ereignissen.

So haben wir also eine Realität erschaffen, indem wir mittels unserer fünf Sinne und ihrer Auswertung im Verstand sorgsame Übersetzungen von all den Zuständen und Ereignissen dort draußen herstellten. Wir nehmen jede neue Wahrnehmung als real an und schaffen dadurch einen Zustand, der die Illusion verstärkt.

Eine Meditation über die Sinne

Wir wollen dieses schwierige Kapitel mit einem Thema beenden, über das Sie meditieren können. Anstelle der goldenen Scheibe und des Wortes FRIEDE denken Sie über die folgenden Sätze nach, bewegen Sie sie in Ihrem Bewußtsein hin und her und schlagen Sie die Richtung ein, in die sie führen: »Es gibt keinen Klang. Es gibt keine Geräusche, sondern nur Luftschwingungen, die mein Ohr erreichen. Ich übersetze diese Schwingungen, bewerte sie, werte sie in meinem Gehirn aus. Ich bin der Schöpfer von Musik, Seufzern, Schreien, Bellen und Glockenläuten und von jedwedem Klang. Was für ein großartiges Gehirn ich habe! Aber ich bin nicht das Gehirn, vielmehr ist das Gehirn mein Instrument…«

Kraft gewinnen

Die Menschen der Erde haben immer gewußt, daß die Welt rund ist, und daß alles ein Kreis ist. Aber wenn ein weißer Mann nichts entdeckt, dann gibt es nichts.

Großvater Schwarzer Elch (Lakota)

Der Kosmos ist ein polarisiertes Feld von Kräften, die ständig dabei sind, in eine bestimmte Form zu wirbeln und sich dann wieder in reine Energie aufzulösen.

Starhawk

Ich verspüre immer einen Widerwillen, das Wort ›Gott‹ zu gebrauchen, da jeder seine eigenen stagnierenden Bilder und Definitionen mit sich herumzuschleppen scheint, die die Fähigkeit, aus einem engen, individuellen Bezugsrahmen auszusteigen, vollkommen vernebeln. Wenn wir irgendeine Vorstellung davon haben, was Gott ist, so wird sie sich mit Sicherheit verändern und erweitern, wenn wir selbst wachsen und uns verändern.

Bernadette Roberts

Du lebst in Illusion und im bloßen Augenschein der Dinge. Es *gibt* eine Wirklichkeit, du bist diese Wirklichkeit. Wenn du dies erkennst, so wirst du sehen, daß du nichts bist, und indem du nichts bist, bist du alles. Und das ist es.

Kalu Rinpoche

4

Kraft gewinnen

Vor wenigen hundert Jahren glaubten die Europäer, einschließlich so großer Geister wie Leonardo da Vinci und Thomas von Aquin, noch immer, daß die Erde flach sei. Vielleicht werden Sie über eine so kindliche Unwissenheit lächeln, aber nehmen Sie sich in acht. Wie Sie sehen werden, sind wir auch heute nicht viel klüger als die damaligen Menschen. In jener Zeit gab es keinen Grund zu glauben, daß die fünf Sinne nicht zuverlässig seien. Unsere elektronischen Gerätschaften existierten noch nicht, und niemand hatte seinen Körper jemals schneller fortbewegt als ein galoppierendes Pferd laufen konnte. Deshalb war eine flache Erde die absolute Tatsache. Und jeder, vom Leibeigenen bis zum König, richtete seine Politik, seine Ökonomie, sein Liebesleben und seine sozialen Aktivitäten nach diesem Tatbestand. Auch die Päpste und Bibelprediger bestätigten dieses Bild wie auch viele andere berühmte ›Zeugen‹. Und wenn man daran zweifelte, so war es eine Sünde und konnte den Betreffenden nur in die Folterkammern führen.

Die flache Erde war ein gefährlicher Aberglaube, denn den Menschen war nicht bewußt, daß auf der anderen Seite der runden Erde reichlich Feldfrüchte wuchsen. Alles, was sie in ihren Feldern zu essen hatten, waren Rüben, Karotten, rote Bete und Körner. Nach mehreren aufeinanderfolgenden harten Wintern und Sommern gab es große Hungersnöte und Hunderttausende starben. In ihrer Verzweiflung gingen sie dazu über, die Knochen der Toten zu mahlen, um aus diesem Mehl Brot zu backen. Die Erinnerung daran existiert noch in dem sogenannten ›Pan de Muertos‹ in den lateinamerikanischen Ländern. In der übrigen Welt gab es alles, was sie brauchten, aber aufgrund einer falschen Gedankenform, nämlich daß die Welt flach sei, wollte niemand über den Rand hinausgehen. Und so mußten sie hungern.

Sie können nun sagen: »Was hat das alles mit uns zu tun?« Sehr viel. Wir machen denselben Fehler. Seit Columbus haben wir eine erstaunliche Technologie entwickelt. Mit Sicherheit fliegen wir schneller als der Pfeil vom Bogen des Tartaren. Wir reisen zum Mond und zurück, unsere Kommunikationssysteme sind einzigartig, wir sind großartig, wir sind Eroberer. Wirklich ein sehr entwickeltes Säugetier! Aber obwohl uns sogar die Quantenphysik deutlichst zeigt, daß die materielle Welt nicht existiert, folgen wir noch immer der müden alten Denkschule der Vergangenheit. Billionen von Menschen glauben noch immer, daß alles Materie ist, daß Atome, so klein sie auch sein mögen, irgendein grundlegendes festes Partikelchen enthalten.

Diese Art des Denkens ist vollständig veraltet. Wir könnten genausogut mit weißen Perücken und Schnupftabakdosen umhergehen. Wir sind in einem Glaubenssystem festgefahren, das unsere Sicht der Welt aufgrund seiner Begrenztheit auf imaginäre Parameter reduziert… Und diese Parameter sind kaum viel geräumiger als die Vorstellung einer flachen Erde, aber sie sind in gleicher Weise irreal.

Vielleicht sagen Sie nun: »Nun gut, aber was soll's? Wie kann eine veraltete Vorstellung eine so bedeutsame Wirkung auf das alltägliche Leben, die Arbeit, die Beziehungen und internationale Politik ausüben?« Sie werden es sehen… wenn Sie weiterlesen.

Alte Vorstellungen auf die Realität anzuwenden entspricht dem Versuch, viereckige Zapfen in runde Löcher einzupassen. Narren verstehen nicht... Sie werden sehr ärgerlich, sie holen sich einen großen Hammer und schlagen drauflos, bis das ganze Ding in Rauch explodiert. Auf diese Weise gehen die meisten Menschen mit der Situation um. Und es könnte sehr dramatisch enden, wie Sie wissen.

Um die alten Bärte noch einmal glücklich zu machen, wollen wir dieses kosmische Energiefeld ›Energie/Materie‹ nennen... und das bedeutet Energie, die wir entsprechend unserer Wahrnehmung als ›Materie‹ übersetzen. Der einzige Unterschied zur alten Sichtweise besteht darin, daß ›wir‹ wissen, daß Materie nicht nur das ist, als was sie erscheint, und daß wir die Flexibilität haben, auf einer unbekannten Straße weiterzuschreiten. Aber ›sie‹ haben es nicht getan... und tun es auch heute noch nicht! Sie stecken in einer Sackgasse.

Die Welt besteht also aus Energie/Materie in verschiedenen Graden der Kohäsion, und das bedeutet, daß der Felsen von Gibraltar aus demselben Stoff besteht wie die Träume eines zarten Teenagers. Und darüber möchte ich jetzt ein wenig nachdenken.

Das kosmische Gerüst

Wir handeln also alle entsprechend unserer Wahrnehmung. Zum Beispiel können wir auf Eis gehen, aber wir lehnen es ab, auf dünnem Eis zu gehen. Wenn wir der Meinung sind, daß wir in einer Welt von festen Körpern eingeschlossen sind, leiten wir davon einige Konsequenzen ab und verhalten uns dementsprechend. Wenn unsere Wände aus Beton sind, so wird es selbst in Notfällen nicht helfen, sich gegen sie zu werfen. Die alte Sichtweise der Welt beruhte also auf fester Materie, weil es für unsere fünf Sinne eben so ist... und wir hatten keinen Grund, daran zu zweifeln. Von diesen Sinnen haben wir alles abgeleitet. Deshalb hielten wir es für offensichtlich, daß wir die Person waren, die begann, heranwuchs und am Ende starb... und diese ›Erkenntnis‹ richtete unser ganzes Leben auf das, was wir Realität nannten. Jedes Ereignis jenseits dieses Zustandes aber (Gefühle, Gedanken) gehörte nicht zur festen Realität, auch wenn es im Leben unleugbar vorhanden war. Wir nannten es subjektiv, nicht real oder objektiv, es war nicht meßbar.

Und hier beginnt unser Drama. Es schien nun vernünftig, alles beiseite zu schieben (als verzichtbar, als Epiphänomen oder Nebenwirkung ›realer‹ Ereignisse), was das rationale Denken nicht als real betrachtete. Diese Gewohnheit verbreitete sich im sozialen und politischen Bereich und auch international, und das, was wir *jetzt* als wirkliche Werte und Lebensnotwendigkeiten kennen, wurde minderbewertet oder überhaupt nicht betrachtet. Diese Art der Philosophie wurde als Materialismus bezeichnet.

Im Materialismus bewegen sich die Menschen hauptsächlich durch Angst... Angst, nicht genügend zu besitzen, Angst vor unserer eigenen Schwäche und dem Tod, denn wir glauben, daß wir nur die wahrnehmbare Welt zur Verfügung haben, daß wir danach sterben und alles zu Ende geht. Diese Sichtweise der Realität isoliert uns von anderen. Wir haben das Gefühl, daß wir nicht verantwortlich sind, deshalb engagieren wir uns nicht wirklich. Um Schmerz zu vermeiden, bleiben wir absichtlich blind für die Bedürfnisse des Lebens um uns. Dieses Glaubenssystem hat unsere soziale und politische Welt in das verwandelt, was es jetzt ist... eine Zeitbombe! Aber warum sage ich Zeitbombe? Weil die allgemeine Öffentlichkeit keine Verbindung zwischen der Entwicklung des Bewußtseins und einem Atomkrieg sieht. Die Menschen sehen zwar mit Schrecken einen weltweiten Holocaust, aber wenn man ihnen auch nur vorschlägt, ihre wertvolle Zeit mit so abstrakten und (für sie) nutzlosen Aktivitäten wie Meditation und Bewußtseinserweiterung zu verlieren, so werden sie wütend. Sie ziehen es vor, sich immer wieder in das endlose internationale Hickhack zu stürzen, indem sie einander auf immer der gleichen primitiven Ebene begegnen, und das führt sie zum unausweichlichen Ende.

Wenn die Verantwortlichen nur verstehen würden und in andere Dimensionen eintreten könnten, so würden sie durch ein Gefühl kosmischer Einheit sehen können, daß totale Zerstörung nicht das geeignete Mittel ist, um ökonomische Probleme zu lösen... Es ist vielmehr, als ob man seinen Fuß abschlagen würde, weil der Schuh schmutzig ist. Die neue Generation muß mit größter Dringlichkeit eine Bewußtseinserweiterung vollziehen. Nur indem sie durch das Tor des inneren Schweigens gehen, können sie die neuen Führer werden, die das Ruder in die Hand nehmen, bevor die alten Narren das Schiff explodieren lassen.

Deshalb ist es notwendig, die Mechanik unserer Beziehung zu der uns umgebenden Welt zu verstehen und unsere Sinneswahrnehmungen nicht für die einzige Realität zu halten. Im Osten ist die am meisten geachtete Disziplin, die zu einer kosmischen Erweiterung des Bewußtseins führt, das Jnana Yoga oder ›Vereinigung durch Verständnis‹. Das berühmte ›Dritte Auge‹ löst die Illusion der Sinne auf und isoliert die verschiedenen Kombinationen, die durch unseren rationalen Computer ausgearbeitet werden, um sie zu analysieren. Es entwickelt in Jnana Yogin eine klarere Wahrnehmung der schnellsten kosmischen Frequenzen und vereint auf diese Weise den Empfang holistischer Eindrücke mit der Auflösung der Illusionen.

Es gibt einen Spruch: »Der Jnana Yogin löst die Welt auf.« Und darauf erwidert jede normale Person: »Ich sehe nicht, wie er meinen Kühlschrank auflösen kann.«

»Aha«, erwidert der Yogin, »aber für deine Halluzinationen bin ich nicht verantwortlich.« Haben Sie den Witz mitgekriegt?

Als ich vor Jahren noch ein Student der inneren Entwicklung war, hatte ich einen Meister namens Tulio Castellani, der auch der ›Venezianer‹ hieß. Nachdem in diesem Kurs mehrere Monate lang am Verständnis und Umgehen mit der Nicht-Existenz des Objektiven, der Nicht-Realität dieser Welt und der Nicht-Existenz der Materie gearbeitet worden war, setzte Tulio einige Tricks ein, um unsere Fähigkeiten zu prüfen. Eines Tages sagte er uns: »Ich weiß, daß ihr nach dieser ganzen harten Arbeit, die ihr geleistet habt, die vollkommene Klarheit über die Energiestruktur dieser Welt habt, und daß ihr wißt, daß Materie als solche nicht existent ist. Könntet ihr bitte, wie für irgendeinen kleinen Schüler, schriftlich den folgenden Vorgang erklären: Ich fahre in meinem Auto. Aus irgendeinem unglücklichen Grund reiße ich das Lenkrad auf der Autobahn plötzlich nach rechts. Ich erfasse einen Polizisten, der auf dem Motorrad fährt, demoliere sein Fahrzeug und verletze ihn derart, daß er im Krankenhaus landet. Man legt mir Handschellen an, und ich komme ins Gefängnis! Wie kann dies alles geschehen, wenn diese Welt eine Illusion ist, und wenn Materie nicht existiert? Wie geht das vor sich?«

Dann gab uns mein Meister noch eine weitere Nuß zu knacken: »Ihr habt jetzt also verstanden, daß Zeit und Raum *per se* nicht existieren, sondern daß sie mentale Kategorien sind. Und deshalb möchte ich nun, daß ihr einen Aufsatz schreibt, der im Bereich unseres täglichen Lebens erklärt, oder besser gesagt: formuliert, darlegt, wie es sich damit verhält. Ihr wißt jetzt, daß Zeit und Raum nicht existieren. Gut. Aber wenn ihr von einer Stadt zur anderen fahrt, so verändert sich die Landschaft, und wenn ihr dort angekommen seid, ist es fast dunkel... Wie ist das möglich?

Eigentlich müßte doch alles so bleiben ›wie es ist‹, oder nicht? Ich erwarte eure Aufsätze nächste Woche. Gute Nacht!«

Das verursachte mir einen schrecklichen Schock. Es war, als ob alles, was ich gelernt hatte, plötzlich in sich zusammengebrochen war, als ob sich all diese Arbeitsjahre in eine mitleidslose Farce verwandelt hätten. Einige andere Studenten kamen zu mir, um mit mir darüber zu reden. Ganz offensichtlich hatten sie den festen Grund unter ihren Füßen verloren und wußten nicht, wie sie damit umgehen sollten. Einige von ihnen, bis ins Mark erschüttert, verließen das Zentrum für immer.

In dieser Zeit erwarb ich die Meisterschaft des Jnana Yoga, der reinsten und schwierigsten unter allen Yoga-Disziplinen. Ich arbeitete ohne Unterlaß an dieser Aufgabe. In dieser Woche hatte mein Meister mich angehalten, jeden Tag einige Tabletten Glutaminsäure und Tafeln dunkler Schokolade als Gehirnnahrung einzunehmen. Alles das habe ich getan. Er muß recht gehabt haben, denn schließlich erreichte ich einige interessante Durchbrüche.

Ich bin wirklich ein sanfter Lehrer. Ich möchte nicht, daß Sie noch weiter leiden... Außerdem hat mein Verleger mich gebeten, meine Leser zu lieben. Sie werden also später in diesem Kapitel die Lösung für beide Fragen erhalten. Aber wenn ich ein Zen-Meister wäre, so würde ich meine Studenten stundenlang sitzenlassen und sie immer wieder mit einem langen Bambusstock auf den Kopf schlagen, bis sie schließlich die richtigen Lösungen gefunden hätten. Sie sehen also, daß Sie mit mir wirklich Glück haben!

Vielleicht haben Sie bemerkt, daß das Wort ›Realität‹ allmählich seine Festigkeit verliert. Es erscheint nun mehr wie eine Münze... auf der einen Seite Realität, auf der anderen Relativität. Und das liegt daran, daß die atomare Kohäsion aller dieser ›Realitäten‹ verschieden ist, und Sie dadurch zueinander relativ werden. Im weiteren Verlauf dieser Abhandlung wird die erstickende Atmosphäre der ›materiellen Realität‹ langsam einem Wind der Freiheit weichen. Irgend etwas verändert sich.

Inzwischen verstehen Sie, daß die kosmischen Reize, die wir empfangen, durch unsere Ohren, unser Gehirn, unseren rationalen Computer, übersetzt werden. Diese Reize sind durchwegs Schwingungen... die Schwingungen von Energiefeldern. Der Kosmos vibriert. Wir übersetzen diese Schwingungen, diese Vibrationen ebenso, wie ein Radio elektrische Impulse in Luftschwingungen übersetzt, und dann übersetzen wir sie innerhalb unseres Gehirns noch einmal in Klang. Aber was wir auf unserem Bildschirm illustrieren, hat nichts zu tun mit dem Reiz, der von unseren Sinnesterminals empfangen wurde. *Nichts von dem, was wir wahrnehmen, ist so, wie wir es wahrnehmen.* Kein Impuls hat irgendeine Form. Wir konstruieren Form aus verschiedenen Impulsen, die wir über unsere verschiedenen Sinnesorgane aufnehmen. Und wie ein Bühnenbild aus verschiedenen Elementen zusammengesetzt wird, so setzen wir unser inneres Bild aus den Inputs der verschiedenen Sinnesorgane zusammen. Wir leben in einer formlosen Welt. Alles ist Schwingung, alles ist Welle. *Wenn die Welt, die uns umgibt, tatsächlich so ist, wie wir sie denken, so können wir im Grunde nie irgend etwas wahrnehmen.* Warum? Weil unsere Sinne nur auf Schwingungen reagieren. ›Musik‹, das sind ausgewählte und in Kategorien geordnete Klangschwingungen. ›Objekte‹ sind nur deshalb sichtbar, weil Lichtphotonen von ihnen reflektiert werden und Formen in Raum und Farbe definieren, die das Objekt zurückwirft. Wenn wir mit diesen ›Objekten‹ in Kontakt treten, so nennen wir den Widerstand ihrer Kohäsion gegen unsere Körperkohäsion ›Berührung‹. Wir verarbeiten Botschaften, die formlos sind, verleihen ihnen Farbe, Masse, Klang, Gestalt in unserem Gehirn. Wir erschaffen Erscheinungen und reagieren dann auf sie.

Sie sehen es wieder, *wir sind die Schöpfer.* Und jede Schöpfung ist Teil von uns. Das ist der Mythos von Narzissus, der sein Bild im Teich sah, sich in dieses Bild verliebte und im Teich ertrank. Und genauso geht es uns in unserer Welt, die voll von unseren geliebten Formen ist, für die wir kämpfen und sterben.

Ich leugne nicht die Realität des Kosmos. Ich leugne nur, daß diese sinnlich erfahrbare, dreidimensionale Ebene alles ist, was man wahrnehmen kann.

Wir übersetzen etwas, aber in begrenzter Weise.

Im Grunde geht es darum: Was auch immer Sie auf einer bestimmten Ebene wahrnehmen (mit Ebene meine ich den jeweiligen Kohäsionsgrad), ist auf dieser Ebene voll und ganz als Wirklichkeit gültig, *aber nur auf dieser Ebene.* Zum Beispiel kann ein Alptraum ebenso schmerzhaft sein wie ein Ereignis im Wachzustand. Aber was auf der einen Ebene Ihres Seins geschieht, wirkt nicht notwendigerweise auf Ihr ganzes Wesen ein. Der Autounfall in Ihrem Traum läßt Sie vielleicht mit einem Schrei erwachen, aber er wird Ihre Knochen nicht brechen. Wenn Sie sich umgekehrt im Zentrum einer Atomexplosion befinden, so würden Sie dieses Ereignis niemals visuell oder sonst irgendwie wahrnehmen können, es würde weder Ihre Gedanken noch Ihre Gefühle beeinflussen, da Ihr Körper schneller verdampft wäre, als die Nerven diese Botschaft dem Gehirn übermitteln könnten. Sie wären Ihres physischen Körpers ›beraubt‹, ohne es überhaupt bemerkt zu haben.

Aber ich könnte mir vorstellen, daß bei Ihnen nun eine andere Frage auftaucht: »Wie ist es überhaupt möglich, daß ich meine eigene Welt zwischen meinen Ohren erschaffe? Wir sehen alle den gleichen Gegenstand auf einmal, beispielsweise einen Tisch.«

Ja, wir haben alle menschliche Augen und außerdem treffen die Photonen, die Lichtpartikel, auf das Energiefeld der Tafel auf. Aber keiner von uns schaut aus demselben Winkel auf den Gegenstand, und niemand von uns sieht ihn in genau derselben Weise. Wie geschieht es also? Durch einen telepathischen Konsens, der durch unsere Zirbeldrüse hergestellt wird. Wir senden unsere Wahrnehmung eines Gegenstandes aus, und dadurch wird Konsens erzeugt. Aber jede Person verleiht jeder Wahrnehmung einen einzigartigen Wert. Nehmen Sie als Beispiel ein großes Gemälde. Eine Person betritt das Museum, um genau dieses Gemälde zu betrachten und bringt mit sich ein Wissen, die Liebe zu diesem Malstil oder der Epoche, die das Gemälde darstellt. Eine andere Person sieht dasselbe Gemälde vielleicht nur als sinnlose Farbkleckse. Auch der Museumswärter, der es jeden Tag sieht, sieht es mit anderen Augen. Deshalb also hat der telepathische Konsens über dieses Gemälde ebenso viele Löcher wie ein Stück Schweizer Käse.

Bewußtsein

Wir wollen nun zu dem gemeinsamen Nenner zurückkehren, dem Energiefeld. Wir müssen unsere veraltete Sichtweise ablegen und durch neue Augen auf die Welt schauen. Sie erinnern sich? Wir sind selbst nur Atome. *Wir sind Energiefelder inmitten anderer Energiefelder, zwischen denen verschiedene Kohäsionsgrade bestehen.* Die veraltete materialistisch/mechanistische Denkweise hielt die materielle Welt für unbelebt, in Wirklichkeit aber ist sie Bewußtsein… Es gibt keine Materie!

Das ist die Einheit, von der der Mystiker spricht. Mit dieser Sichtweise werden Sie eine Welt der Dynamik, eine Welt innerer Kraft sehen, in der Sie selbst und alles andere immer flüssig und veränderlich sind, in der die Realität von dem Bewußtsein abhängt, durch das sie wahrgenommen wird, und wo Realität unzählige Dimensionen hat.

Wir müssen uns mit der Synthese vertraut machen, die gegenwärtig zwischen Jahrtausenden östlicher Weisheit und den letzten Jahrzehnten der Relativitätstheorie und Quantenphysik im Westen stattfindet. Beide Gedankenwelten passen wunderbar zusammen. Diese Synthese ist die Grundlage für eine neue Kraft in uns, für eine neue Sichtweise der Welt, denn wir können sie in unserem eigenen Leben praktisch anwenden.

Die alte mechanistische geteilte Sichtweise der Welt, die ›Materie‹ von ›Geist‹ trennte, erzeugte unablässig Rückschläge bei allen Versuchen, als menschliches Wesen innere Kraft zu entwickeln. Das Wort ›Bevollmächtigung‹ (englisch: empowerment) bedeutet Macht oder Kraft zu empfangen. Damit meine ich aber nicht die Bevollmächtigung durch irgendein Gesetz, das Ihnen eine Tätigkeit erlaubt (was ebenso eine Macht oder Kraft wäre). Vielmehr meine ich damit: Kraft zu empfangen, um sich selbst in einer umfassenderen Weise zu manifestieren. Die meisten Menschen fürchten sich vor Macht, und ich glaube, mit Recht: Denn immer, wenn irgendeine Macht sich unter Menschen manifestiert, so wird dabei das Prinzip des längeren Hebels, wenn nicht gar der Knute angewendet. Die Menschen können zum Opfer dieses Prinzips werden, und das wollen sie eigentlich nicht. Sie identifizieren Macht mit dem Bösen, mit schlechten Absichten, mit der Vorstellung eines Menschen, der aus anderen seinen Vorteil zieht. Ein mexikanischer Präsident hat einmal gesagt: »Wozu soll Macht gut sein, wenn man sie nicht mißbraucht?« Das klingt sehr menschlich, finden Sie nicht auch?

Was hält uns davon ab, Macht und Kraft zu gewinnen? Im Grunde alles, was zwischen uns, unserem empfangenden

Bewußtsein und der Botschaft steht, die uns diese Macht schickt. Das ist vor allem Aberglaube (ein Glaube an die Dinge, die es niemals gab), veraltete, dogmatische Glaubensvorstellungen, Konditionierung, Programmierung, eine heuchlerische moralische Infrastruktur. Wir setzen so viele Dinge als selbstverständlich voraus, daß diese unsere Vorstellung von der Wirklichkeit unsere ganze Weltwahrnehmung aufrechterhält und unsere Handlungen leitet. Und dies geschieht ganz im verborgenen durch jene Infrastrukturen, von denen viele seit Jahrtausenden durch unsere Gene und Chromosomen entstanden sind. Und wir glauben, daß diese Infrastrukturen die Realität unserer Manifestation in der Welt sind.

Die Antworten auf die Fragen

Wie versprochen folgen nun die Antworten auf die beiden Fragen, die mein Meister vor vielen Jahren gestellt hat. Es sind keine schnellen Antworten, wie man sie bei einem Quiz erhalten kann. Vielmehr sind sie das Ergebnis monatelanger intensiver mentaler Arbeiten von Studenten und sind deshalb selbst gar nicht so leicht zu verstehen. Ich möchte die erste Frage, die Reiseerfahrung, als erste beantworten. Der deutsche Philosoph Immanuel Kant entdeckte, daß der menschliche Denkapparat nur dann etwas als ›real‹ begreifen kann, wenn es eine Ursache hat, wenn es eine Wirkung ausübt, wenn es Raum einnimmt und Dauer hat. Diese Notwendigkeit ist unserem Gehirn immanent. Deshalb nannte er diese Kategorien ›A priori‹: Sie existieren, bevor das Denken beginnt. Weiterhin ist unsere Fähigkeit der Beobachtung auf einen rechteckigen Ausschnitt wie bei einer Projektionsleinwand beschränkt… Wir haben nicht die Panoramaaugen unserer Hausfliegen.

Wenn ich mich beispielsweise durch Gehen fortbewege, so kann ich zu einer Zeit nur einen ganz bestimmten Raum wahrnehmen. Wenn ich mich bewege, nehme ich wieder einen anderen Raum wahr usw., und das gibt mir das Gefühl der Veränderung in der Szenerie. Da dies fortlaufend geschieht, gibt es mir auch das Gefühl von Zeit. Beide Gefühle liegen übereinander und sind gleichzeitig.

Aber wenn ich das alles von einem Helikopter aus tue, werde ich plötzlich viele Ausschnitte meiner vorhergehenden Beobachtung in einem Blick wahrnehmen. All diese ›Räume‹ werden plötzlich in einen größeren ›Raum‹ eingeschlossen sein. Wenn ich mich jetzt in einem Space-Shuttle befinde, so wird der ganze Kontinent zu ›meinem‹ Raum werden, und die früheren Räume werden zu *einem* werden. Wenn ich dann durch das Fernrohr auf meinen früheren Ausgangspunkt hinabblicke, so wird sich das ganze fragmentierte Abenteuer wiederholen, da mein Gesichtsfeld jetzt wieder reduziert wurde.

Wenn Sie sich jetzt vorstellen, daß Sie sich ›dort draußen im Raum‹ befinden, jenseits aller Sterne und wahrnehmbarer Körper, ohne irgendeinen Bezugspunkt, so wird der Raum plötzlich zu einem vollkommen abstrakten Begriff ohne irgendeine Realität werden. Und zwar deshalb, weil ›Raum‹ per se niemals existiert hat, sondern vielmehr in unserer menschlichen Erfahrung in dem Augenblick erscheint, in dem unser Bewußtsein beginnt, sich zu sammeln und zu messen.

Die Essenz der Unfallgeschichte ist viel einfacher. Wir haben bereits gesagt, daß alle erdenklichen Erscheinungen nur Energiefelder sind. Wenn wir durch unsere Sinne mit ihnen in Kontakt treten, so klassifizieren wir sie als unterschiedliches ›Material‹ und geben ihnen einen Namen, um unter uns darüber zu kommunizieren. Das ist unsere Hardware. Alles, was auf unserer Ebene ›geschieht‹, kann mental erstens auf seine Kategorie (Holz, Sahne oder Luft) und zweitens auf den gemeinsamen Nenner: Energie reduziert werden. Wenn diese verschiedenen Dichtigkeiten durch die Sinne gesehen werden, so interagieren sie. Das Dichteste bricht das Feinere, dringt in es ein, löst es auf, überlagert es. Dazu gehört auch unser Gewebe, das in der Auseinandersetzung mit anderen Elementen oftmals zerstört wird, weil es im Vergleich zu den vielen Dichtigkeiten, die uns normalerweise umgeben, eine nur schwache Dichtigkeit hat.

Der Zusammenstoß ist deshalb ein Spiel von Gegensätzen der Energie, die unseren begrenzten Sinnen entsprechend als ›Materie‹ gesehen werden, die getroffen, verdreht, zerstört oder gestoßen wird. Aufmerksamkeit und emotionale Beherrschung beim Umgang mit diesen ›definierten‹ Energiefeldern wird destruktive Begegnungen, also Zusammenstöße, verhindern. Wenn unser Bewußtsein jenseits unserer Sinnesgrenzen nur auf die astrale Ebene gerichtet ist, so würde es so etwas gar nicht bemerken. Der Zusammenprall, die Polizisten und alles das hat nur auf der dreidimensionalen Ebene stattgefunden. Ich möchte Sie daran erinnern, daß jede Welt, jede Dimension ihre eigenen Grenzen hat, und daß deshalb das, was auf der einen Ebene geschieht, nicht auf eine andere Ebene einwirkt. Die schnellen Frequenzen des Lichtes, die wir hochastral nennen, sind eine Welt, die äußerst langsamen Schwingungen der Lithosphäre oder der niedrigen astralen Ebene sind eine andere.

Kraft gewinnen

Wenn wir also von der Gewinnung von innerer Kraft und Macht sprechen, so geht es um die Notwendigkeit, die volle Kontrolle über all die Dinge zu erlangen, die nur in unserem Bewußtsein existieren. Sie sind aus inneren Notwendigkeiten, inneren Impulsen entstanden, die aus Angst, Egoismus, Mut, Großzügigkeit oder was auch immer stammen. Aber sie sind alle innerhalb unseres Bewußtseins, es gibt nichts ›dort draußen‹.

Nun sind die großen ›Naturgesetze‹ nur die Art, wie wir die Natur durch unsere armseligen kleinen fünf Sinne wahrnehmen, und diese Wahrnehmung organisieren wir unserem mentalen Computer vermittels unserer Synapsen und unserer Schaltkreise im Gehirn. Wir entdecken Abfolgen, Ursachen, Zielzustände und Anfänge durch den gewohnten Mechanismus des rationalen Denkens, den dichtesten Teil unseres Bewußtseins. Unser eingebauter Computer nimmt wahr, folgert, leitet ab und trifft Aussagen. Und wenn eine Aussage einmal gemacht ist, bleibt sie Gesetz, bis das Gegenteil bewiesen ist.

Deshalb behaupten viele unserer Wissenschaftler *ex cathedra* irgend etwas über Medizin, irgend etwas über Astronomie, irgend etwas über das Atom usw. Aber sie behalten sich immer noch das Recht vor, zu sagen: »Sie wissen schon, die Wissenschaft schreitet voran, und was gestern schwarz war, ist heute durch und durch weiß.« Und von diesem Tag an ist dann ›weiß‹ sehr wissenschaftlich, und darüber darf dann nicht mehr diskutiert werden... bis irgend jemand dann entdeckt, daß es ›in Wirklichkeit‹ rot ist.

Sie sehen, wir müssen sehr vorsichtig sein, wie wir die Welt aufbauen. Die Welt ist viel mehr als alle möglichen Farben, Klänge und die Fähigkeit, etwas zu berühren, was weder zu heiß, noch zu kalt, noch zu beweglich ist. Es gibt viel mehr als das.

Macht gewinnen heißt also, die Kraft zu empfangen, um das Bewußtsein und deshalb unsere Welt zu erweitern. Sie haben sicher den Ausdruck ›Bewußtseinserweiterung‹ gehört. Ja, und das ist es schon. Die Erweiterung des Bewußtseins ist der Weg, der vom Homo sapiens durch die nächstfolgende Spezies bis zur Göttlichkeit führt. Wir sind dazu bestimmt, Götter zu werden!

Wir können nicht einfach alle Anstrengungen aufgeben und uns bequem zurücklegen. Wir können nicht wieder zu Affen werden. Das war sehr bequem: Keine Probleme, keine Steuern, keine Miete, nur eine große Menge Spaß. Sie wissen, daß große Affen kaum angegriffen werden... Sie fühlen sich sicher und leben deshalb glücklich im Dschungel. Aber das ist leider vorbei. Wir haben die Fähigkeit, ganz plötzlich etwas zu visualisieren, was wir nicht hatten, uns aber wünschten. Und dann begann dann die unendliche Katastrophe, weil wir uns immer ohne Unterlaß etwas Neues gewünscht haben. So ist es also. Und da wir nicht nach unten absinken können, müssen wir zwangsläufig nach oben weitergehen! Und dieser Weg, verehrter Leser, ist der Weg zur Göttlichkeit.

Nicht wenige Menschen werden voller Schrecken ausrufen: »Das ist furchtbar, das ist ein Sakrileg. Blasphemie! Man darf nicht laut darüber reden!« Absurd, warum darf man nicht darüber reden? Solche Ausrufe sind nur die Folge von Angst und Unwissenheit. Solche Menschen haben Angst vor dem Boß.

Ich habe seit mehr als 45 Jahren gelehrt, und meine Schüler sind sehr intelligent. Ich habe nicht mit den verklärten Spiritualisten oder Menschen zu tun, die alles schlucken, wenn es nur einen orientalischen Namen hat. Nein, keineswegs. Ich habe keinen Turban auf dem Kopf, auch keinen großen herabfließenden Bart, und ich sehe nicht wie ein Patriarch aus.

Ich habe mit Menschen zu tun, die mit beiden Füßen auf dem Boden stehen, und gleichzeitig aber fähig sind, ihre Augen auf die Sterne zu richten.

Sehen Sie sich Sequoia-Bäume oder andere Baum-Riesen an! Sie sind riesengroß, ihre Wurzeln reichen kilometerweit.

Der Wind kann sie nicht umwerfen, sie sind zu fest verwurzelt. Aber die Palmbäume haben große Kronen und sehr kurze Wurzeln, und wenn ein Tornado kommt, werden sie mitgerissen. Das trifft auch auf viele Esoteriker und Spiritualisten zu.

Meine Schüler haben ihren Kopf fest auf den Schultern und sind imstande, das zu erlangen, was sie auf dieser Ebene erreichen wollen. Einer von ihnen (und danach im Laufe der Jahre noch viele andere) fragte mich einmal: »Warum sprechen Sie nie über Gott?« Ich erwähne Gott selten, weil die Menschen in dieses Symbol alles hineinpacken, was sie an Werten mit sich führen, und deshalb hilft es ihnen nicht viel, wenn sie von Gott sprechen. Aber dieser Mann blieb beharrlich: »Können Sie uns eine Definition, eine Vorstellung davon gegeben, was Göttlichkeit ist?«

Nun, das war jahrhundertelang ein höchst strittiges Thema. Mönche und Laienbrüder, Einsiedler in der Wüste, Bischöfe mit juwelengeschmückten Tiaras und weise Männer, die in Griechisch und Latein zu Hause waren, sind mit ihren kahlen Köpfen gegen eine Wand gerannt, sie haben versucht, was unmöglich schien. Aber diese theologischen Genies haben eine sehr gute Methode entdeckt, um sich des Problems zu entledigen, um es auf Zehenspitzen hinter sich zu lassen, wie es ja meistens geschieht: »Man kann das Unendliche nicht definieren.« (Definieren kommt von dem lateinischen Wort ›finis‹ = Grenze, definieren heißt also eingrenzen.) Sie sagten: »Wie kann man einen Kreis um etwas ziehen, was keine Grenzen hat? Gott hat keine Grenzen, deshalb ist eine rationale Definition unmöglich, in Ewigkeit, Amen!« Diese Erklärung habe ich lange Zeit unhinterfragt angenommen, weil sie logisch ist. Wie Sie inzwischen oftmals gehört haben, hat das rationale Denken seine Grenzen, und die Niagara-Fälle in einer Teetasse fassen zu wollen, ist schlicht unmöglich. Aber als ich mich einmal auf einem meiner Ausflüge in andere Dimensionen befand, hatte ich die Freude, einem sehr fortgeschrittenen Wesen zu begegnen, und ich erzählte diesem Wesen: »Schau, meine Schüler stellen mir eine Frage, die mich in eine höchst unangenehme Situation bringt, weil ich sie nicht beantworten kann. Die Frage lautet, wie man Göttlichkeit definieren kann. Und wie ihr hier ganz genau wißt, ist es mein Beruf, als Reisender zwischen den Dimensionen das Unbegreifliche in etwas Klares und Anwendbares zu übersetzen.« Da lächelte dieses Wesen und gab mir eine Definition. Sie hören: Nur von einer so hohen Ebene konnte eine so unglaubliche Definition herabkommen.

Es wird Ihnen sehr einfach vorkommen, aber wenn Sie irgend etwas über Meditation wissen, das heißt, still zu halten und sich auf etwas in einer ganz bestimmten und präzisen Weise zu konzentrieren, so kann ich Ihnen versprechen, daß Sie über diese wenigen Worte für den Rest Ihrer irdischen Existenz und noch vieler anderer Existenzen meditieren können.

Dennoch werden Sie nicht auf den Grund dieser Erklärung kommen. Sie lautet: »Gott oder Göttlichkeit ist die Kraft, *gleichzeitig* alle möglichen Beziehungen mit allem im Kosmos zu erzeugen.«

Nun bedeutet alles im Kosmos wörtlich *alles.* Und das reicht von einem Stück Papier über die Saturnringe bis zu den Tieren auf dem Grund des Meeres und zu jedem noch so seltsamen materiellen oder immateriellen Ding, an das Sie denken können. Gedanken, Begriffe, Gefühle, Hoffnungen, Wünsche, Ängste, Lieben, Haßgefühle, *alles im Kosmos.* Beziehen Sie sich auf alles, auf all seine Einzelheiten, die Myriaden von Myriaden zählen... und all das findet *gleichzeitig* statt: Und das heißt in einem Augenblick, jetzt. Wenn Sie das tun können, so haben Sie keine Probleme mehr... Sie sind Gott.

Das ist es. Das ist nun wirklich eine mächtige Definition. Sie begrenzt die Göttlichkeit nicht, vielmehr macht sie ihre Weite begreiflich. Wenn Sie das vor 2000 Jahren den armen Hirten in Galiläa erzählt hätten, so wären Sie auf taube Ohren gestoßen. Aber in unserer Zeit sind Sie imstande zu verstehen, was inneres Schweigen, was eine innere Reise ist, und deshalb kann ich Ihnen diese Formel, diesen Aphorismus übermitteln. Setzen Sie sich hin und meditieren Sie über diese unglaubliche Aussage. Sie wird Ihnen eine ungeheure Kraft geben. Wenn Sie den Einzelheiten und Verästelungen folgen, so werden Sie von einer Ebene des Verständnisses zur nächsten aufsteigen… und immer so weiter!

Viele Autoren sind reich geworden, indem sie Bücher darüber geschrieben haben, wie man mehr Energie, also mehr Geld erwerben kann. (Geld ist ja eine Form von Energie.) Sie raten Ihnen ›Denken Sie reich‹. Und ich sage Ihnen: »Denken Sie göttlich.« Denn das ist ganz einfach noch mehr Reichtum.

Die Stimme des Schweigens hören

Unsere Freiheit ist unendlich viel größer, als wir bisher begriffen haben. Wir können es lernen, von einer Realität zur nächsten überzugehen.

Lawrence Leshan

Mein Verständnis der grundlegenden Gesetze des Universums entsprang nicht meinem rationalen Bewußtsein.

Albert Einstein

Wenn wir bereit sind, den Aufruhr in unserem eigenen Bewußtsein kritisch zu betrachten und darüber hinaus zu blicken, so finden wir mühelos Eingang in Räume, die überraschende Möglichkeiten enthalten: eine größere innere Ruhe, schärfere Konzentration, tieferes intuitives Verständnis…

Ram Dass/Paul Gorman

Alle Ressourcen unserer fast wunderwirkenden Technologie sind in den gegenwärtigen Angriff gegen das Schweigen ins Feld geworfen worden.

Aldous Huxley

Hör auf zu reden, hör auf zu denken, und es gibt nichts, was du nicht verstehen wirst.

Seng Ts'an

5

Die Stimme des Schweigens hören

In diesem Buch sprechen wir unablässig von Ebenen, und bevor wir akzeptieren können, daß die Stimme des Schweigens zu uns aus einer höheren Ebene kommt, müssen wir deren Existenz verstehen. Selbst die theoretische Wissenschaft spricht bereits von verschiedenen Dimensionen. Wir versuchen alle, das multidimensionale Wesen der Wirklichkeit auszudrücken.

Die multidimensionale Realität

Stellen Sie sich bitte ein Blatt gewöhnlichen weißen Papiers vor. Das wird das Symbol unserer dreidimensionalen Ebene sein. Stellen Sie sich nun ein sauberes kleines Loch in diesem Papier vor, durch das ein kleiner Ball mit einer so unglaublichen Geschwindigkeit hin- und herwandert, daß wir die Augenblicke seiner Abwesenheit nicht mehr wahrnehmen können (wie ein rotierender Ventilator, der als verschwommene Scheibe erscheint). Deshalb ist dieser Ball, auch wenn er nicht immer gegenwärtig ist, trotzdem für unsere Sinne ständig vorhanden.

Stellen Sie sich nun eine große Zahl von solchen Bällen vor, etwa wie die Punkte, die ein Zeitungsphoto oder ein Fernsehbild aufbauen. Sie sind in dunklen und hellen Stellen angeordnet, und dadurch sind wir imstande, Menschen oder Landschaften auf *dieser* Seite unseres Papiers in unserer Welt zu sehen. Aber die entgegengesetzten Halbkugeln dieser Bälle lassen in ihrer Gesamtheit ein anderes Bild entstehen. Wenn sich nun jemand auf der anderen Seite des Papieres befindet, so kann er nur dieses letzte Bild sehen, das ebenso stabil erscheint, von dem ersten aber vollständig verschieden ist.

Stellen Sie sich als nächstes vor, daß dieser Ball aufgrund seiner unglaublichen Geschwindigkeit auch nach oben und unten, also quer zum ersten Weg, saust, dann in einem Winkel von 45 Grad, dann in einem kleineren Winkel, und so weiter, usw. Aufgrund seiner Geschwindigkeit würde er dann seine verschiedenen Seiten *gleichzeitig* in viele Richtungen zeigen und auf diese Weise unendlich viele Realitäten gleichzeitig bilden. Und das geschieht bei den subatomaren Teilchen, die von den Quantenphysikern untersucht wurden. Die Teilchen und Wellen sind unvorhersagbar. Sie trotzen dem Prinzip der Kausalität, *weil sie sich als multidimensionale Gleichzeitigkeit manifestieren.* Sie folgen unserer linearen und kausalen Sicht überhaupt nicht... Ja, sie verschwinden sogar aus ihr!

Stellen Sie sich jetzt vor, daß dieser kleine Ball ein Segment bildet, daß das rotierende Segment eine Scheibe bildet, die Scheibe eine Säule, die zusammen mit einer anderen Säule Oberflächen bildet, und eine Realität ist in Erscheinung getreten. Aber nehmen Sie den kleinen Ball weg, und zwanzig Welten sind verschwunden.

Wirklich?

Natürlich nicht. Sie haben ja nie existiert, sie schienen nur zu existieren. Und dies führt uns zu einer wichtigen Aussage: *Eine Realität wird durch die Grenzen des Bewußtseins definiert, das sie wahrnimmt.* Dies bedarf einer kleinen Erläuterung. Ein Bewußtsein (also eine Entität, ein Individuum) ist sich dessen bewußt, was es wahrnimmt. So weit – so gut. Aber entsprechend seiner Wahrnehmungsfähigkeit (ganz gleichgültig, wie viele Sinnesorgane es nun hat), kann es soundsoviel wahrnehmen und nicht mehr. Das wird seine Realität sein, sie besteht aus alledem, was es wahrnehmen *und* was es aus diesen Wahrnehmungen ableiten kann. Eine Person, die taub und blind geboren wurde, lebt eine Realität... Aber ist es die Ihrige? Offensichtlich nicht, wenn Sie fünf Sinne haben. Auf welcher Ebene auch immer dieser Vergleich stattfinden mag, der Vorgang und die Ergebnisse sind immer dieselben. ›Bewußtseinserweiterung‹ bedeutet ganz einfach, daß man ein Instrument hinzugewinnt, um mehr wahrzunehmen, mehr auszuwerten, bis die Beziehungen dieses Bewußtseins mit dem Kosmos umfassend und vollkommen sind... und das wäre dann Erleuchtung.

Jede wahrgenommene Realität hat ihre eigenen Grenzen, und jede Realität (Sie können es als Ebene oder auch als Dimension bezeichnen, wenn Sie so wollen) wird real sein, solange Sie nicht in eine andere springen; denn die Wirkung dieses Sprunges würde die vorhergehende als Traum erscheinen lassen.

Intuition

Ich lehre meine Schüler, zu Reisenden in den Dimensionen zu werden. Aber eigentlich reist niemand von ihnen wirklich, niemand ›geht‹ irgendwo hin. Vielmehr ›schwingen sie sich ein‹. Jedes Individuum gleicht einem kleinen Radioempfänger, der nur bestimmte Wellenlängen, bestimmte Frequenzen, empfangen kann, wie etwa ein billiges Gerät, das nur die nächstliegenden Sender deutlich wiedergibt. Wenn sich das Bewußtsein erweitert (wenn wir Macht gewinnen), kann eben dieses Radiogerät immer mehr Wellen empfangen..., Kurzwellen, Langwellen, Ultrakurzwellen.

Wir wollen uns jetzt auf die Stimme des Schweigens einstellen. Das ist die Intuition. Sie ist dem rationalen Denken überlegen, weil sie von einer höheren Frequenzebene stammt als der des rationalen Denkens.

Zuallererst ist die *conditio sine qua non* der Intuition die Wahrnehmung. Ich glaube, daß Sie mir zustimmen werden, daß etwas, was nicht wahrgenommen wird, ebensogut auch nicht existieren könnte. Und in dem hohen Dezibelbereich, in dem wir leben, sind wir fast schon taub. Wenn wir in dieser Zeit versuchen, der Intuition, der Stimme des Schweigens zu lauschen, so ist das, als ob wir in einer Diskothek, in der der Hard Rock aus den Lautsprechern gellt, die feinen Klänge einer Flöte oder Violine hören und genießen möchten. Wir werden nichts hören.

Äußerer Lärm und innerer Lärm

Wir sind durch die Schreie des rationalen Denkens und der Emotionen taub geworden, die ohne Unterlaß wie Schwiegermutter und Schwiegertochter miteinander streiten. Sie kämpfen unablässig, weil das rationale Denken der Polizist in unserem Leben ist. Es ist herangebildet, erzeugt, verfeinert und ausgesandt worden, um uns an irrationalen Handlungen zu hindern. Und auf dieser dreidimensionalen Ebene ist es oftmals recht hilfreich.

Wie können wir nun zur Intuition gelangen? Wie können wir sie empfangen?

Intuitives Denken basiert niemals auf logischen Verkettungen und rationalen Datenzusammenhängen, wie etwa gesammelten und erklärbaren Fakten. Es kommt aus einer Überallwelt, aus einer Allzeit. Jetzt. Das ist die Welt, die *ist.* Deshalb erscheint sie uns als etwas Vollständiges, etwas, das bereits vollendet wurde.

Die Intuition wird uns immer überraschen, sie vermittelt uns ein Gefühl, das das rationale Denken uns nicht geben kann.

Aber was geschieht, ist folgendes: Wir müssen die wertvolle Information der Intuition auf unser praktisches Leben anwenden, deshalb ziehen wir sie auf die rationale Ebene herab. Wir haben das Gefühl, daß wir eine Möglichkeit finden müssen, um die intuitive Vorstellung hier in unserem Leben auszudrücken. Aber ›hier‹ ist nicht überall, zu jeder Zeit, jetzt.

›Hier‹ ist die dreidimensionale Welt mit ihren Kategorien von Zeit/Raum/Ursache/Wirkung. Deshalb übernimmt das rationale Denken die Herrschaft, wenn wir über eine bestimmte Handlungsweise entscheiden, wenn wir Ort und Zeit definieren müssen. Die Intuition bringt Botschaften, für die das rationale Denken keine Bilder hat, und deshalb greift es sie an.

Das rationale Denken ist eine analytische Maschine (Analysis bedeutet auf Griechisch ›Auflösung‹). Sobald diese Maschine jedoch unseren Plan, der in sich vollständig ist, geortet hat, richtet es die Waffen auf ihn: »Was ist denn das? Woher kommt das? Aus welcher Ursache ist diese Idee entstanden? Ich brauche eine Ursache, sonst lasse ich nichts geschehen. Ich werde alles sabotieren, was aus dieser Quelle stammt. Ich hasse Geheimnisse. Ich akzeptiere nur klare Fakten!«

Und dann sagen unsere Emotionen, die im Augenblick der Intuition natürlich erwacht sind: »Wunderbar, das ist großartig! Ich fühle mich wie der König der Könige. Ich werde handeln.«

Und das rationale Denken erwidert sofort: »Du wirst nicht handeln, du Idiot. Du weißt gar nicht, woher das kommt. Deshalb ist es gefährlich. Es ist nicht rational. Ich werde es nicht zulassen.«

Die Energie, die in dieser Art der Verwirrung verausgabt wird, ist unglaublich groß. Und deshalb zögern wir auch immer. Wir wissen nur selten mit absoluter Sicherheit, was wir tun sollen.

Und dabei entsteht so viel Chaos, so viel Geräusch, es ist so skandalös laut, daß die Stimme des Schweigens voll und ganz verlorengeht. Und wahrscheinlich hat das Geschenk der Intuition nicht einmal mehr Gültigkeit, wenn wir die Diskussionen und Streitereien endlich beigelegt haben. Was also sollen wir tun? Was ist unser nächster Schritt? Schweigen.

Schweigen

Wir wollen jetzt einmal betrachten, wie wir mit unserer Intuition, unserem täglichen Leben und dem Schweigen umgehen können.

Wir müssen eine Methode finden, um den intuitiven Gedanken voll und ganz zu erfassen. Er erscheint nie komplex, weil er kein Erklärungssystem hat. Er erscheint uns *als ist.* Aber wie können wir nun diese Gegenwart, diese Stimme, die nur im Schweigen wahrnehmbar ist, festhalten? Wir müssen die richtigen Methoden einsetzen.

Das ist einer der großen Unterschiede zwischen einer religiösen und einer esoterischen Orientierung. Beide geben Ihnen denselben Rat, dieselben moralischen Hinweise, dieselben Gesetze, dieselbe dramatische Vereinfachung großer Wahrheiten. Aber die Religionen geben Ihnen keine Methoden an die Hand! Sie sagen Ihnen: »Das darfst du nicht tun…« Aber sie erklären Ihnen nicht, wie Sie mit Ihren Wünschen und Leidenschaften umgehen können. In der esoterischen Tradition aber geschieht dies. Die Esoterik beinhaltet verborgene Lehren, die nur einigen wenigen vermittelt werden, denen, die darauf vorbereitet sind.

Andacht erzeugen

Diese Methode ist äußerst einfach. Aber sie braucht einige Übung, um wirkungsvoll zu sein: Erzeugen Sie eine Atmosphäre des Friedens und Schweigens und treten Sie in einen Zustand der Andacht ein. Wenn Sie in diesem Zustand sind, so wird das rationale Denken zurückbleiben. Warten Sie auf Bilder, die hereinströmen. Wenn dies geschieht, so richten Sie Ihre Andacht auf sie. Wenn auf irgend etwas Andacht gerichtet wird, so erscheint sein Wesen. Die Bilder, die während der Andacht hereinströmen, stammen aus einem Bereich jenseits des Rationalen. Was auch immer in Erscheinung tritt, empfinden Sie es. Erklären Sie nicht. Und bald schon werden Sie brauchbare Intuitionen haben. Wenn Sie vermittels Ihrer Aufmerksamkeit Andacht auf irgend jemand oder irgend etwas richten, so werden Sie vier Wirkungen erfahren. Als erstes werden Sie die unmittelbare Vision Ihres Gegenstandes in aller Einfachheit empfangen... Jedweder überflüssige Zierrat löst sich auf, die inneren Werte eines Menschen werden in aller Transparenz erscheinen. Als zweites werden Sie diese Vision als letztendliche, nackte Wahrheit, Ihre innere Wahrheit über den Gegenstand empfinden. Drittens wird Ihre Handlung oder Bewertung in aller Reinheit stattfinden, da Sie in keiner Weise mit Gedanken oder Leidenschaften vermischt sind. Und schließlich werden Sie eine mehr als menschliche Vision des beobachteten Gegenstandes empfangen, die Vision durch das Dritte Auge, die ›Vision des Eingeweihten‹.

Schweigen als Hotline, als ›Heißer Draht‹

Wenn Sie noch am Anfang Ihrer Meditationspraxis stehen, so werden Sie durch den inneren Lärm abgelenkt werden.

Wie erlangen wir vollkommenes Schweigen? Durch die *Hotline,* eine dauerhafte und stabile Beziehung mit der Ebene, der Welt oder den Schwingungen, wo die intuitiven Elemente *ständig gegenwärtig sind.* Eine Intuition empfangen wir nicht in der Weise, wie wir eine Postkarte empfangen. Zuallererst müssen Sie Methoden einsetzen, um den Affenkäfig Ihrer streitenden Emotionen zum Schweigen zu bringen. Sie lassen ihn hinter sich, genauso wie Sie das Pfeifen des Zuges hinter sich lassen, wenn Sie mit dem Flugzeug fliegen… Sie gehen so weit, daß Sie nicht einmal mehr hören. Die Züge können weiter pfeifen, aber Sie hören sie nicht mehr, Sie sind anderswo.

Dieses ›Anderswo‹ ist die dauerhafte Ebene, das Überall, alle Zeit, und sie ist andauernd gegenwärtig. Es ist die Ebene des *Jetzt.* Es ist, als ob wir immer unter den Wolken lebten. Immer wieder und in unvorhersagbaren Abständen empfangen wir einen Teil des blauen Himmels, wenn sich die Wolken ein wenig teilen. Im umgekehrten Fall sind wir ständig unter einem wolkenbeladenen Himmel. Aber in Wirklichkeit ist das Blau immer da.

Wenn wir uns also durch das Schweigen zu dieser Ebene über den Wolken heben können, so empfangen wir das vollkommene Bild des Einen, Das Ist.

Sie werden fragen: »Und warum muß ich dann so viel unter den Wolken leiden, wenn ich diese Möglichkeit habe, zum blauen Himmel aufzusteigen?«

Nun, nicht alle haben diese Möglichkeit. Es ist vielmehr ein Zustand der Gnade… um eine theologische Definition zu verwenden. Wenn Sie in einem Zustand der Gnade verweilen… das heißt, der Einheit oder Übereinstimmung mit hohen Frequenzen… so werden Sie keine Probleme haben. Theologie bedeutet wörtlich ›Wissen über das Göttliche‹, ist aber in Wirklichkeit nur die Summe der Meinungen von Menschen mit einem Glaubenssystem. Und glücklicherweise hat die Theologie kein Monopol auf den Gnadenzustand. Dieser Bewußtseinszustand kann oft durch die Andacht erfahren werden, die wir unter einem von Sternen erleuchteten Himmel mit seinem Ehrfurcht gebietenden Gefühl von Ewigkeit empfinden. Es ist die ungestörte Beziehung der Seele mit ihrem eigenen Wesen, die gleichzeitig als die Wurzel unserer Existenz und als der direkte Weg unserer Heimkehr empfunden wird.

Gleichzeitigkeit? Immer, überall, jetzt? Rational gesehen ist dies der vollkommene Wahnsinn. Das rationale Denken kann es nicht begreifen. Aufgrund seines mechanischen Funktionierens kann das rationale Denken nicht verstehen, daß etwas, das ›gewesen ist‹ auch ›gegenwärtig‹ ist, und daß etwas, was gegenwärtig ist, gleichzeitig auch Zukunft sein kann.

Das rationale Denken will sagen: »Also, wie soll das denn funktionieren? Schließlich esse ich dreimal am Tag und das 365mal im Jahr... Und du willst mir erzählen, daß ich diese ganzen Mahlzeiten auf einmal hinuntergeschlungen habe?«

Das ist zum Lachen, nicht wahr? Und auf der rationalen Ebene kann es kaum erklärt werden. Warum? Weil das rationale Denken zwar all unsere täglichen Erfahrungen begleitet und ›gleichzeitig‹ unser Leben ›gleichzeitig‹ miterlebt, weil es aber diese Gleichzeitigkeit aufgrund seiner eigenen Funktionsweise nicht begreifen kann und deshalb diese Gleichzeitigkeit durch die ›Zeit‹ entwickeln und erweitern muß.

Wenn ich, z. B., auf der Autobahn fahre, so muß ich sorgfältig auf die Verkehrszeichen und die anderen Fahrer in meiner Umgebung achten. Zur gleichen Zeit esse ich eine Süßigkeit und empfinde ihren Geschmack. Außerdem höre ich eine sehr schöne Musik, rieche die Meeresluft, halte die Hand meiner Freundin und bespreche mit ihr die rationalen

Fakten bezogen auf die Einrichtung unserer neuen Wohnung. Das alles tue ich *gleichzeitig* im Bruchteil einer Sekunde. Wir haben es alle mehr oder weniger in der gleichen Weise getan.

Kann der Verstand dies begreifen? Nein.

Aber wir *erfahren* es. Wenn ich es Ihnen zu erklären versuche, muß ich wie in einem Film eine ganze Reihe von Einstellungen vornehmen, wobei jede Einstellung eine Veränderung darstellt.

Das also erzeugt die Zeit: Die sukzessiven Veränderungen in der *Dauer,* wobei jedes Segment seine eigene Qualität besitzt. Wenn Dauer (also unsere entsprechende Empfindung) keine Veränderung enthält, so verlieren wir den Zeitbegriff.

Für das rationale Denken bedeutet Begreifen ein Denken in Bildern. Und die Bilder müssen in einer *Abfolge* gedacht werden. Es ist für das rationale Denken nicht möglich, ohne die geringste Veränderung alles in ein und dieselbe Einstellung zu packen. Sie können den Bau der Pyramiden und 30000 Sklaven vor Augen haben, aber wenn einer von ihnen nur mit der Wimper zuckt, so ist es ein anderes Bild, eine andere Einstellung.

Das rationale Denken ist also ein Instrument, das von unserer Erfahrung vollständig getrennt ist. Wir erfahren unmittelbar, sofort viele verschiedene Wahrnehmungen, die das rationale Denken aufgrund seiner Wirkungsweise nicht begreifen kann.

Aus diesem Grund müssen wir *Symbole* verwenden, wenn wir das Unerklärliche erklären wollen. Die vierseitige Pyramide in Teotihuacán in der Nähe von Mexico-City ist dafür ein sehr interessantes Beispiel. Sie ist ein Symbol der Zeit und Gleichzeitigkeit. Wenn Sie auf dem Erdboden an der Basis der Pyramide entlanggehen, sehen Sie die anderen Seiten nicht... Diese anderen Seiten stellen Ihre Zukunft dar, die für Sie nicht sichtbar ist. Und die Seiten, die Sie bereits passiert haben, sind nur in Ihrer Erinnerung vorhanden, sie sind nicht gegenwärtig, Sie nehmen sie nicht mehr wahr. Wenn Sie unter Anstrengungen die erste Stufe erklettert haben, so ist es noch immer wie vorher. Diese Ebene stellt symbolisch die astrale Welt oder die molekulare Ebene dar, die schneller und feiner ist. Aber das Phänomen wird dennoch identisch sein. Allerdings erfassen Sie jetzt viel schneller (weil Sie nun Teil der Pyramide sind) die Oberfläche, die die Pyramide an ihrer Basis bedeckt. Dann unternehmen Sie eine weitere Anstrengung und klettern zur zweiten Stufe empor (die die mentale Ebene darstellt), und Sie haben wieder dasselbe Phänomen vor sich, aber viel schneller.

Und wenn Sie schließlich im Teocali sitzen, das als ›Haus der Götter‹ übersetzt wird, so haben Sie die Summe der ganzen Pyramide vor sich. Sie erfassen die ganze Pyramide, weil Sie Teil von ihr sind. Ohne irgendeine Bewegung erfassen Sie Vergangenheit, Gegenwart und Zukunft. Sie sind die Summe von allen. Sie sehen also, daß dieses Symbol verständlich war, wenn man nur die Fähigkeit hatte, es zu begreifen. Aber in der rationalen Darlegung bedürfte es vieler Worte, weil das rationale Denken Gleichzeitigkeit nicht begreifen kann.

Diese Ebene, die wir erreichen müssen, diese Intuition, ist also ein *Seins-Zustand.* Es ist nicht die Verteilung von Süßigkeiten hier, Süßigkeiten dort während der Lebenszeit eines Menschen, sondern ein Seins-Zustand. Da wir nicht gleichzeitig auf allen Ebenen einschließlich der rationalen sein können, in der die Ziegel zusammengesetzt werden, wenn wir etwas bauen, müssen wir die Hotline erzeugen. Und dies geschieht durch Meditation, Kontemplation und harte Arbeit... Dann sind wir unablässig in Berührung mit der intuitiven Ebene. Wir erhalten nicht einen kleinen Flecken Blau, sondern den ganzen Himmel.

Die intuitive Ebene ist ein Zustand der Gnade. Und in diesem Gnadenzustand haben Sie überhaupt keine Probleme, weil sie gelöst werden, noch bevor sie überhaupt beginnen. Das ist also Intuition, das ist Teil des Schweigens. Und es ist auch Teil einer neuen Lebensweise. Wenn wir auf die gute alte Art weiter leben, werden wir leiden wie gewöhnlich… Aufgrund der unausweichlichen Unvorhersagbarkeit. Wir wissen niemals, was in der nächsten Sekunde geschehen wird. Jeden Augenblick könnte ein Erdbeben eintreten. Der Herr Richter von der Richterskala hat keinen Vertrag mit den elementaren Kräften der Erde geschlossen. Und die Stärke eines Erdbebens muß nicht gerade bei 7 oder 8 liegen. Warum nicht bei 28? Wir wissen es nicht. Wir wissen es nie.

Deshalb müßten Sie also vermittels der Hotline mit der intuitiven Ebene in Kontakt treten. Wenn Sie sich im richtigen Bewußtseinszustand befinden, so empfangen Sie die Nachrichten, die Information in jedem Augenblick, *wie Sie es brauchen.*

Das ist die Frucht des inneren Schweigens. Und dadurch hat dieses Buch auch seine Existenzberechtigung. Durch dieses Buch werden Sie (sagte ich nicht, daß es ein Tor ist?) die Macht gewinnen, ohne die es keinen Quantensprung gibt.

Der Weg zur richtigen Meditation

Im folgenden nun wie versprochen der Weg zur richtigen Meditation, die dann auch zur Kontemplation führt. Als erstes müssen Sie die Empfindung, einen physischen Körper zu haben, auflösen, und die Emotionen müssen eingefroren werden (siehe Seite 35). Gehen Sie nun zur Konzentration über.

Konzentrieren Sie sich auf einen Gegenstand oder etwas Abstraktes... ein Symbol wie etwa ein Dreieck oder einen Satz wie die Definition des Göttlichen, die ich Ihnen vorher gegeben habe (siehe Seite 71). Die Konzentration sammelt das ganze Licht unserer mentalen Fähigkeit auf der Vision der Einzelheiten des gewählten Gegenstandes oder Satzes. Und diese Vision muß vollkommen klar sein, wie eine Schaufensterscheibe.

Bei der Meditation nehmen Sie diesen Gegenstand, dieses Symbol, diesen Satz, drehen ihn herum, stellen ihn auf den Kopf, drehen ihn von rechts nach links, von links nach rechts, ...kurzum: Sie gehen mit ihm ebenso um, wie Sie mit einem antiken Kunstobjekt verfahren würden, um jede Einzelheit genau zu sehen.

Dann *treten* Sie in den Gegenstand Ihrer Meditation *ein.* Denken Sie über sein Alter, seine Dynamik, seinen Wert nach, überlegen Sie, was er symbolisch bedeutet. Wenn es ein Satz ist, so denken Sie über all seine Bedeutungen und jedes einzelne Wort in ihm nach. Dies führt zu einer Verästelung in Dutzende und Dutzende von Kanälen, denen Sie nun folgen... *aber Sie kommen immer wieder zur Basis zurück.* Wenn Sie damit fertig sind, wenn es überhaupt nichts mehr gibt, was Sie darüber in Erfahrung bringen könnten... wenn alle Einzelheiten, Beziehungen und Extrapolationen erschöpft sind, und nichts mehr übrig ist... dann können Sie zur Kontemplation übergehen. Die Kontemplation dieses Gegenstandes, Gedankens oder Satzes bedeutet, ihn in anderen Dimensionen seiner Existenz zu erkennen.

Ein Beispiel: Konzentrieren Sie sich auf einen Diamanten. Sie sehen ihn mit all seinen Facetten. Sie können ihn ganz genau sehen, wie er schimmert, wie er Licht bricht, ein Kristallprisma. Sie schauen ihn von links, von rechts, von hinten, von oben an. Nachdem Sie ihn genau betrachtet haben, gehen Sie zur Meditation über. Dabei treten Sie in seinen Wert, sowohl im irdischen wie auch im esoterischen Bereich, ein. Was ist ein Diamant? Die Menschen halten ihn für sehr wertvoll. Ein Diamant ist ein konzentriertes Energiefeld, das durch einen starken Druck aus Kohle, dem Mineral, als das es zuvor existierte, in ein transparentes Prisma verwandelt wurde. In diesem Prisma haben wir die Möglichkeit, das Licht der Sonne, das Leben und deshalb kosmische Liebe darstellt, zu teilen. Wenn der Diamant geschliffen wurde, so wird er Lichtstrahlen aussenden und deshalb Licht und Liebe auf seine eigene Weise ausstrahlen. Vom esoterischen Standpunkt aus gesehen ist dieser Diamant ein wertvoller Gegenstand... eine Übersetzung der ›Lebensspenderin‹ Sonne. Das ist also die Meditation über den Diamanten: Was sind seine Möglichkeiten? Was kann er tun? Was sind seine wunderbaren Eigenschaften? Wenn dies alles erschöpft ist, und weiter nichts mehr untersucht werden kann, so treten Sie mit diesem Diamanten in Kontemplation ein.

Der Prozeß des Denkens wird aufgegeben. Die Vision des Diamanten ist noch immer vorhanden, verschwindet dann, und Sie begeben sich in einen großen Lichtschacht, der am Ende der Meditation entstanden ist, wo die ganze intuitive Information empfangen wird. Sie fühlen, wie Ihr Bewußtsein, Ihre Aufmerksamkeit bis zum obersten Teil Ihres Kopfes aufsteigt. Sie treten am Kronen-Chakra in Kontemplation ein. Hier empfangen Sie keine Information, keine Gedanken, keine Einzelheiten. Langsam *werden* Sie zu diesem Gegenstand. Sie sind der Diamant. Licht scheint durch Sie hindurch, und Sie senden Licht aus. Sie empfangen Licht aus vielen Winkeln, Sie sind zu dem Gegenstand geworden, auf den Sie sich konzentriert hatten, über den Sie meditiert hatten. Nun ist Einheit entstanden, und alle Merkmale werden in Ihrem Bewußtsein verschmelzen, da Sie selbst zum Diamanten geworden sind. In derselben Weise können Sie zu einem Grashalm, zu einer Blume oder irgend etwas anderem werden... auch etwas, was so gut wie nichts ist... nur ein Energiefeld.

Wenn Sie mit irgendeinem Energiefeld durch Kontemplation verschmelzen, so entwickeln Sie gemeinsame Schwingungen mit der betreffenden Schwingung und Tonalität. Auf dieser Ebene gibt es keine Getrenntheit.

Das ist richtige Meditation. Wenn Sie damit noch weitermachen, so versuchen Sie es erst mit Gegenständen, dann mit Symbolen und schließlich mit Abstraktionen wie Schönheit oder Wahrheit. Oder versuchen Sie etwa folgenden Satz: »Ich bin Liebe, die sich manifestiert.« oder »Ich bin die Eine, die ist.« Wenn Sie in dieser Arbeit vorangeschritten sind, so meditieren Sie über Gleichzeitigkeit. Das wird Ihnen nicht nur die Gänsehaut über den Rücken jagen, es wird bei Ihnen auch neue Gehirnschaltkreise erschaffen.

Die Sinne zurückziehen

Tibetanische Mönche, die in diesem Leben nichts mehr ersehnten, als die Befreiung von der conditio humana zu erlangen, haben sich oft lange Zeit, manchmal jahrelang, eingemauert. Diese Methode, sich von allem zurückzuziehen, ermöglichte absolutes Schweigen. Keine Kommunikation mit der äußeren Welt, keine Nachrichten, keine Informationen, keine Ablenkung. Diese Methode erscheint uns heute ein wenig drastisch, umgekehrt aber können wir nicht leugnen, daß wir ebenso drastisch durch Lärm und mangelnde Abgeschiedenheit angegriffen werden. Mit Sicherheit brauchen wir Frieden und Schweigen mehr als jede andere Gesellschaft in der Geschichte dieses Planeten. Hier ist nun also die tibetanische Methode, die Sinne zurückzuziehen, allerdings ohne die Notwendigkeit einer vermauerten Höhle.

Finden Sie einen ruhigen Platz, wo Sie nicht gestört oder unterbrochen werden können. Schalten Sie, wenn möglich, das Telefon ab. Versichern Sie sich, daß die Temperatur des Raumes für Sie angenehm ist, und daß Ihre Kleidung locker und bequem ist. Sitzen Sie in einer Meditationshaltung. Entspannen Sie sich. Holen Sie mehrere Male tief Atem. Lassen Sie die Energie des physischen Körpers verschwinden (siehe Seite 33), dann frieren Sie den astralen Körper der Emotionen ein (siehe Seite 35). Beeilen Sie sich dabei nicht.

Entkleiden Sie sich nun, indem Sie das Verschwinden Ihrer Kleidung *visualisieren.* Tun Sie es in derselben Weise, wie Sie auch die Energie des physischen Körpers haben verschwinden lassen, von der Sohle bis zum Scheitel. Beginnen Sie mit den Zehen. Sehen Sie zu, wie die Socken oder Strümpfe wegschmelzen, dann die Hosenbeine, der Rock, der Gürtel verschwindet; das Hemd verschwindet Zentimeter um Zentimeter, die Hemdsärmel, schließlich auch der Kragen. Fahren Sie damit fort, bis nichts mehr übrig ist. Alles ist hinweggeschmolzen. Sie sind nackt.

Lassen Sie Ihre Hände bequem im Schoß liegen, suchen Sie die Position, die für Sie am natürlichsten ist. Wichtig ist dabei aber, daß die Hände nicht in einem *mudra* oder in einer Meditationsgeste gehalten werden. Sie sollten offen sein. Auf diese Weise werden Sie auch das Gefühl des Tastsinnes verlieren.

Heben Sie nun Ihre Energie zum sechsten Chakra. Es liegt in der Stirn, zwischen den Augenbrauen, es ist der Sitz des Dritten Auges. Halten Sie ganz Ihre Aufmerksamkeit an diesem Punkt. Versuchen Sie nicht, irgendwelche Bilder zu visualisieren. Folgen Sie nicht irgendwelchen Gedanken. Ihre Aufmerksamkeit ist zwischen den Augenbrauen.

Schlucken Sie einmal. Das ist es schon. Es wird sich kein Speichel mehr ansammeln und Sie zu einem weiteren Schlucken bewegen.

Hören Sie nun auf den Klang des Blutes in Ihren Ohren... Es ist der Herzschlag. Sie hören nur dieses Geräusch, keinen anderen Klang. Er erfüllt Ihre Ohren.

Atmen Sie sehr oberflächlich und langsam, etwa 12- bis 14mal in der Minute.

Halten Sie Ihre Aufmerksamkeit zwischen den Augenbrauen. Vielleicht hören Sie Untergrundgeräusche, vielleicht dreht Ihr Nachbar das Radio an, vielleicht wirft der Gärtner den Rasenmäher an... gehen Sie ganz einfach darüber hinweg. Verleihen Sie diesen Geräuschen keinen Wert. Verwenden Sie sie vielmehr, um Ihre Getrenntheit von ihnen zu erkennen. Sie gehören zur Welt, Sie aber haben sich aus der Welt zurückgezogen.

Vielleicht sehen Sie irgendwelche Figuren auf dem Bildschirm Ihres Bewußtseins. Ignorieren Sie sie. Sie haben an ihnen kein Interesse, sondern ruhen sanft in einem Zustand vollständiger Heiterkeit. Sie sind reines Bewußtsein. Sie haben inneres Schweigen gefunden, und der Rest wird langsam verdampfen und hinwegschwinden.

Sobald Sie Heiterkeit und Schweigen erreicht haben, stellen Sie sich vor, daß Sie sich auf einem Berg befinden, und daß sich über Ihnen ein Nachthimmel voller Sterne ausbreitet. Es ist eine riesige schwarze Weite, die von blitzenden, glitzernden Sternen bedeckt ist. Sie sitzen zwar weiterhin mit geschlossenen Augen und schauen nicht nach oben, aber die Gegenwart dieses wunderbaren Himmels erfüllt Sie mit einem tiefen Gefühl der Ehrfurcht und Andacht. Und diese Ehrerbietung drückt sich dann in einem Mitgefühl für alles Lebende aus. Senden Sie aus Ihrem Herzen Mitgefühl zu allen Wesen in allen Welten.

Über der Krone Ihres Kopfes flammt weißes Licht. Visualisieren Sie Ihren Körper als vollständig aufgelöst. Verharren Sie in diesem Zustand reiner, heiterer, liebender Wachsamkeit.

Bewußtsein erzeugen

Aufmerksamkeit ist das Wunder, durch das wir uns selbst meistern und regenerieren… Sie kann unser zerstreutes Bewußtsein in einem einzigen Blitz zurückholen und ihm seine Ganzheit neu verleihen, so daß wir jede Minute des Lebens wirklich leben können.

Thich Nhat Hanh

Komm, schau auf diese Welt, die wie ein Königswagen glitzert… die Narren sind voll und ganz in ihr gefangen, die Weisen aber binden sich nicht an sie.

Lehren des Buddha

Meditation bedeutet Aufmerksamkeit, sich dessen bewußt zu sein, was man tut, was man denkt, was man fühlt, und zwar ein Bewußtsein ohne Vorlieben, ein Bewußtsein, um zu beobachten und zu lernen.

Krishnamurti

Bezwinge deine Zunge und deine Sinne,
Und du bist ohne Sorgen.
Laß sie frei und du bist rettungslos verloren.

Lao Tzu

Unter all dem Reden, das für irgend etwas gut ist, liegt ein Schweigen, das noch besser ist. Schweigen ist so tief wie Ewigkeit, Reden ist so flach wie Zeit.

Thomas Carlyle

6

Bewußtsein erzeugen

Aufmerksamkeit ist der größte Schatz, den wir haben. Kann ein Mann, der nur an sein Geschäft denkt, oder eine Frau, die voller Angst ist, die heitere Schönheit des Mondlichtes auf dem Ozean bemerken, wenn sie nachts zum Strand gehen? Mond und Ozean könnten genausogut auch nicht vorhanden sein. Bewußtsein erleuchtet nur das, was es durch seine Aufmerksamkeit wahrnehmen kann.

Stellen Sie sich ein ungeheures Feld bei Nacht vor, das von allen möglichen Gegenständen übersät ist. Dann wird ein Scheinwerfer über dieses Feld bewegt... und dieser Scheinwerfer ist das Bewußtsein, das alles erkennen läßt, was es beleuchtet. Und wenn dieser Fleck ›Wirklichkeit‹ sich über das dunkle Feld bewegt, fällt der Rest in Vergessenheit zurück. Natürlich ist dies nur ein Gleichnis, aber wir wollen es noch ein Stück weiter führen. Wenn der Scheinwerfer abgeschaltet wird, gibt es nichts mehr. Wenn die Sonne aufgeht, so gibt es alles!

Wir empfangen viele, viele Reize aus dem Kosmos. Manche von ihnen übersetzen wir, bei den meisten ist es uns nicht möglich. Diejenigen, die wir übersetzen, verwenden wir, um die Formen und Gestalten der Menschen und Dinge in unserer Umgebung zu erschaffen und zu bewerten.

Andere Menschen definieren uns in gleicher Weise. Sie erzeugen ihre eigene Welt und versichern sich *unserer* Gegenwart in *unserer* Welt dadurch, daß sie uns objektivieren, bzw. durch ihre Sinne erschaffen. Wenn uns niemand anders wahrnehmen könnte, so würden wir uns wie Geister fühlen!

Wir glauben, daß wir eine objektive Welt haben, weil andere Menschen die Sinnesreize auf die gleiche Weise übersetzen wie wir. Das liegt daran, daß ihre Konstruktion mit der unsrigen identisch ist (mit Konstruktion meine ich die Verdichtung der Vibrationen auf der atomaren Ebene, die durch unsere Sinne übersetzt wird).

Wir übersetzen die Sinnesreize durch Nervenenden, die eine Projektion auf einen inneren Bewußtseinsschirm werfen. Wenn es uns durch besondere Anstrengung und Arbeit gelingt, weitere Regionen subtiler Wahrnehmung zu erschaffen, so werden wir imstande sein, immer mehr zu übersetzen und dadurch unsere bewußte Aufmerksamkeit zu steigern. Wir werden einen viel stärkeren Scheinwerfer haben, der sein Licht auf ein viel weiteres Feld wirft, der mehr vom Kosmos erleuchtet und sich deshalb auf einen größeren Teil des Kosmos bezieht. Erinnern Sie sich noch an die Definition von Göttlichkeit?

Drei Dimensionen des Seins

Lassen Sie mich nun einen Augenblick lang zu unseren drei Fahrzeugen zurückkehren. Wir haben eine Trinität der Körper oder Energieebenen: die physische, die astrale und die mentale. Diese Dreiheit könnte man auch als zellulär, molekular und elektronisch bezeichnen, oder aber physisch, emotional und intellektuell.

Jede kondensierte Atomstruktur, die wir als Zelle bezeichnen, ist deshalb bewegt und aktiv, weil sie in und um sich einen *astralen* Körper, eine *astrale* Aura hat. Mit astral meine ich ›feiner‹. Ein astraler Körper existiert automatisch in Konformität mit dem *physischen* Körper. Der physische Körper ist in Wirklichkeit nur eine dichtere Energie: Er hat sich aus der vorgeburtlichen astralen Matrix verdichtet. So haben wir also ein dreidimensionales physisches Modell vom Astralen, und dazu haben wir noch ein feineres, aber trotzdem identisches *mentales* Gebilde.

Der elektronische Strom des mentalen Körpers ähnelt den beiden anderen Körpern auf die gleiche Weise, wie das Kreislaufsystem des physischen Körpers sich dem Raum dieses Körpers anpaßt. Er ist mit dem physischen identisch und reicht vom Scheitel bis zu den Zehen. Es gibt nichts wirklich Geheimnisvolles bei der astralen Konformität mit dem Physischen und einer elektronischen Konformität, die das Astrale antreibt und bewegt. Der elektronische oder astrale Körper erzeugt die *Bilder,* die den astralen Körper zum Fluktuieren, zur Bewegung bringen und bewegt letztlich auch das autonome Nervensystem. Alle diese drei Körper haben ein unterschiedliches Empfangs- und Kommunikationssystem, unterschiedliche Terminals, unterschiedliche Sensibilität. Jeder von ihnen empfängt Reize von ›oben‹ oder aus der ›Umgebung‹. Normalerweise sind wir uns dieser Reize nicht bewußt, weil wir nur die Botschaften unserer fünf Sinne empfangen.

Diese Dreiheit interagiert als Einheit, und dennoch müssen wir uns dieser Dreiheit intensiv bewußt werden, sie ausdehnen und erweitern. Alle drei Teile sind verschieden dicht, gehören zu verschiedenen Welten; und sie empfangen, befehlen und agieren durch eine unterschiedliche Anordnung von Phänomenen.

Wenn wir uns aller drei Systeme bewußt werden, so wird uns dies zu der *klaren Feststellung* führen, daß verschiedene Welten, parallele Welten existieren... andere Dimensionen der Wirklichkeit.

Unsere fünf Sinne bringen uns in Kontakt mit dem, was wir als physische Welt bezeichnen... Sie erlauben uns, die Berge, die Sterne zu sehen, die Geräusche eines Vogels oder einer Kanone zu hören. In gleicher Weise ist auch unser astraler Körper Teil einer Welt, die eine Erweiterung (nicht aber eine Duplikation) der physischen ist. Der mentale Körper gehört zu einer Welt elektronischer Ausdehnung, die weit jenseits der Lichtgeschwindigkeit ohne alle Grenzen ist.

Versuchen Sie die folgende Übung: Empfinden Sie sich. Seien Sie sich Ihrer selbst schweigend bewußt. Versuchen Sie sich auszudehnen, wenn die physischen Nervenenden ruhig sind, und das physische Gehirn nach der Arbeit des Tages ruht und am Einschlafen ist. Oder fühlen Sie sich im Tagtraum in die astralen Ebenen hinaus. Erforschen Sie die Sensibilität der anderen Körper, die wie Ihr Eigentum sind. Sie sind mehr als das: Sie leben in und durch sie, in verschiedenen Dimensionen.

Lassen Sie den Scheinwerfer Ihres Bewußtseins auf den verschiedenen Dimensionen Ihres Seins spielen. Der Anfang einer vollen Bewußtheit ist die Erweiterung, indem man die Möglichkeit eines erweiterten Bewußtseins versteht, seine Funktionsweise erkennt und damit umgeht, bis es zur zweiten Natur geworden ist.

Automatismen

Bewußtheit ist der Schlüssel zur Freiheit von den Grenzen der menschlichen Existenz. Ich hätte gern, daß Sie darüber einen Augenblick nachdenken. Wie all die Schritte zur Gewinnung innerer Kraft, ist es einfach... aber durchaus nicht leicht.

Das Problem liegt darin, daß wir unser Leben wegträumen, indem wir immer und immer planen und Projekte wälzen: für den nächsten Augenblick, die nächste Stunde oder sogar Jahre im voraus. Planen ist nicht falsch. Aber wir legen soviel Emotion in die imaginative Vorstellung der Ergebnisse, seien sie nun positiv oder negativ, daß wir uns dabei austrocknen. Wir planen und bereiten vor, und haben dabei nicht die mindeste Idee, was geschehen wird. Fast immer stellt sich das Ereignis, um das wir uns soviel Sorgen gemacht haben, letztlich gar nicht ein. Das Leben im physischen und astralen Bereich ist vollkommen unvorhersagbar. Wenn wir uns Sorgen machen, so sind wir ohne Bewußtheit... und den Weg der inneren Kraft und Weisheit kann man nicht in einer lärmenden Wolke von Sorgen beschreiten. Dieses Thema scheint immer wieder in der ganzen Literatur auf, die sich mit dem Prozeß innerer Entwicklung befaßt. Die Chinesen etwa sagen, daß Bewußtheit deshalb schwierig ist, weil wir uns ständig »von den zehntausend Dingen dieser Welt faszinieren lassen«. Deshalb ist unser Bewußtsein vollkommen zerstreut und von der zentralen Achse entfernt. Die unablässige Forderung nach Bewußtsein läuft wie ein roter Faden durch die Werke vieler Autoren: Gustav Meyrink sagte es in seinem Buch ›Der Golem‹, und G. I. Gurdjieff hat Generationen von Suchenden gelehrt: »Denk an dich selbst.« Auch die Heiligen Schriften empfahlen die Kraft der Geistesgegenwart: »Seid also wachsam! Denn ihr wißt nicht, an welchem Tag euer Herr kommt« (Matthäus, 24:42); »siehe, ich komme wie ein Dieb in der Nacht. Gesegnet ist der, der wachsam ist.« (Offenbarung 14:15).

Aber gewisse technische Einzelheiten sind eben niemals vermittelt worden, und darin liegt der Grund für eine tiefe Verwirrung. Ich habe Jahre gebraucht, um den Unterschied zwischen einem gewöhnlichen Alltagsbewußtsein und der unglaublichen Menge von *konditionierten Automatismen* zu erkennen, die ja über ganze Jahrhunderte gebildet worden sind und ganz gewöhnliche Handlungen bestimmen, die wir tagtäglich verrichten: rasieren, mit Messer und Gabel essen, sogar trinken. Aber da sie in unseren drei Fahrzeugen assimiliert sind, stellen sie unser menschliches Kapital dar. Wir brauchen sie nie zu analysieren oder auseinanderzunehmen, wie man es etwa mit einem Spielzeug oder einer Uhr tun würde. Es sind vergangene Erfahrungen, die sind geprüft, angenommen und zu unserem Computer zurückgesandt worden, und dort stehen sie bereit, um in ihrer jeweiligen Form wieder zu erscheinen, nur selten werden Zusätze oder Veränderungen angebracht. Einige dieser Reaktionen haben sich in der Kindheit gebildet, einige später, alle aber stellen das Muster einer gegebenen Kultur dar.

Der Versuch, sich ihrer Einzelheiten bewußt zu werden, würde eine Auflösung erfordern: Jede automatische Handlung besteht aus Jahren konzentrierter Anstrengung. Es ist gut, wenn wir wissen, daß wir sie verwenden, umgekehrt aber ist es sinnlos, sie alle in ihre Bestandteile aufzulösen. Schließlich nehmen Sie ja auch nicht Ihre Armbanduhr auseinander, um sie dann wieder zusammenzusetzen, wenn Sie einmal wissen wollen, wie spät es ist. Mit dem Scheinwerfer des Bewußtseins und bestimmter Methoden ist es möglich, sich von negativen Automatismen oder schlechten Gewohnheiten zu befreien (siehe auch Seite 162, Kapitel 9).

Die Kontinuität des Bewußtseins

Wir sollten nicht nur unsere Fähigkeit des Bewußtseins erweitern, sondern auch eine *Kontinuität* entwickeln. An unsere Vergangenheit erinnern wir uns nur in isolierten Gipfelerlebnissen. Wir haben das Gefühl, als ob es bei unseren Träumen keine Kontinuität gäbe, da zwischen diesen Träumen Zeiträume des Vergessens liegen. Dasselbe geschieht tausendmal während eines Tages: kleine Blackouts, wenn das Bewußtsein auf etwas anderes gerichtet ist. Und dann gibt es noch die längeren Blackouts des Schlafes und des Todes.

Die Wichtigkeit einer Kontinuität des Bewußtseins kann gar nicht überschätzt werden: Sie geht weit über unsere normalen täglichen Angelegenheiten hinaus, sie reicht an die Zyklen von Tod und Wiedergeburt, bezieht sich auch auf die großen Welttheorien der Reinkarnation. Als ich den verstorbenen Krishnamurti zum letzten Mal sprechen hörte, fragte ihn jemand nach seiner Meinung zu diesem Thema. Er schien einen Augenblick lang zu zögern und sagte dann: »Oh ja, Reinkarnation, es ist eine Idee, die meinen Leuten viel Trost spendet.«

Es gibt eine andere Geschichte, ebenfalls über einen berühmten Menschen, wenn auch von ganz anderer Art: Dr. D. T. Suzuki, der japanische Zen-Meister, wurde einmal von dem berühmten Psychologen Erich Fromm eingeladen, eine Reihe von Vorlesungen an der Universität von Mexico abzuhalten.

Als er zur Vorlesung ging, fragte ich ihn: »Doktor, was halten Sie von Reinkarnation?«

Er blieb einen Augenblick stehen und sagte: »Reinkarnation ist eine Tatsache. Aber natürlich existiert sie nicht.« Da stand ich, und mein Kopf dröhnte. Ich brauchte Jahre, um diese Antwort zu verdauen, vor allem, da sie von einer Autorität kam, die der seriösesten Schule der Spiritualität auf der ganzen Welt angehörte.

Wie also kann man Bewußtsein und Reinkarnation letztlich miteinander verbinden?

Bewußtheit ist eine Achse, um die all unsere Funktionen sich drehen, *unabhängig davon, mit welchem Fahrzeug wir uns in diesem Augenblick identifizieren.* Ist Ihnen klar, was das bedeutet?

Diese Aussage von Dr. Suzuki hat mich jahrelang nicht zur Ruhe kommen lassen. Wenn Reinkarnation, wie er sagte, nicht existierte, dann war ja im Grunde die ganze Manifestation eine Farce! Ohne Kontinuität, ohne Konsequenzen, der Heilige und der Verbrecher, sie hätten beide recht! Warum sollte man sich dann überhaupt anstrengen?

Zunächst wurde mir dann klar, daß Dr. Suzuki eigentlich meinte: »Keine Bewußtheit, keine Erinnerung an sich selbst, keine Reinkarnation.« Und da die meisten Menschen ihr Leben nur verträumen, erschaffen sie kein Zentrum, auf das sie sich im Sinne einer Kontinuität ständig beziehen könnten. Insofern ist es keine Reinkarnation, sondern ein ständiger Zyklus von anonymen gedächtnislosen Elementen. Das physische Gehirn, das zusammengesetzt wurde, um das Gedächtnis zu speichern, wird sich beim Tod auflösen. Das ganze Paket verschwindet. Wenn dann die Elemente, aus denen wir bestehen, ohne Bewußtheit zur Manifestation zurückkehren (und zwar durch die Affinität zu zukünftigen Eltern angezogen), so ist alles verloren. Ein neues Gehirn entsteht. Wir unterliegen einem Recycling-Prozeß, wie alles andere. Deshalb kann man die Frage, die so viele Menschen mit soviel Sorgen stellen »Werde ich wiederkehren?«... ganz leicht beantworten.

Natürlich, alles kehrt wieder. Nur könnte es genausogut auch jemand anders sein, wenn du dir dessen nicht bewußt bist.

Und das ist der Grund dafür, daß wir Bewußtheit *hier und jetzt* erzeugen müssen.

›Wiederkehr‹ ist hoffentlich nicht das, was das Wort ›Reinkarnation‹ bedeutet. Nicht auf lange Sicht. Manche Tendenzen können wir zwischendurch einmal in den Bereich unseres Bewußtseins ziehen, etwa Anziehungen, Ängste oder Phobien. Aber wenn eine Person sagt: »Zu einer bestimmten Zeit war ich an einem bestimmten Ort, so oder so«, so spricht sie oder er nur über winzige Bruchteile eines Lebens, es ist wie eine Minute in einem dreistündigen Film... Keine Kontinuität, kein Bezug auf ein Ende oder einen Anfang. Das neue leere Gehirn, das unsere Mama uns gibt, hat keine mnemonischen Schaltkreise, die aus dieser oder jener Zeit diesen oder jenen Orten oder irgendwelchen Personen kommt! Es gab tatsächlich einige seltene Fälle von Erinnerung bei Kindern, deren rationale Kräfte sich erst bildeten. Irgend etwas hatte sich ihrem emotionalen Gedächtnis eingeprägt und durch irgendeine Gedankenassoziation in diesem Leben wurde die vergangene Prägung evoziert und erzeugte Bilder von Menschen und Orten.

Aber ein entwickeltes Bewußtsein dehnt sich bis in feine Frequenzen aus. Wenn es *hier und jetzt* geübt wird, so überträgt es sich auf die astrale und mentale Ebene und erzeugt dort einen ›Brückenkopf‹, ein dauerhaftes ›Ich bin‹, und zwar auf beiden Ebenen. Daran können wir uns festhalten, wir können es als eine Achse der Kontinuität erkennen. Es ist zwar nur ein Faden, und er scheint sehr brüchig, dennoch aber ist es sehr dauerhaft. Für den ernsthaft Suchenden ist es von unermeßlichem Wert, es erlaubt ihm oder ihr solange auszuharren, bis die letzten Stadien erreicht sind, und die Vielfalt sich in das Eine verwandelt. Aufmerksame Wahrnehmung, diese Achse der Energie gleicht einem riesigen Schraubengewinde, das in seiner Dynamik ein jedes Element unserer Manifestation aufrechterhält. Und ebenso wie dieses Schraubengewinde hinterläßt sie an ihrer Basis nur zusammenhanglosen, sinnlosen Müll, wenn ihre Energie einmal zu ihr zurückgekehrt ist. Durch die Beherrschung unserer wahrnehmenden Aufmerksamkeit können wir das Geheimnis des Bewußtseins verstehen und auf allen bewußten Ebenen unserer Existenz in einem beständigen Schweigen, das im Zentrum des Zyklons herrscht, den magischen Zauberstab der Macht in Händen halten.

Übungen zur Entwicklung der aufmerksamen Wahrnehmung

Ich hoffe, daß ich Sie inzwischen von der ungeheuren Notwendigkeit der Aufmerksamkeit überzeugt habe. Im nun folgenden Teil des Kapitels werde ich einige einschlägige Tricks verraten. Es sind praktische Übungen und Methoden, die Sie sofort einsetzen können.

Ein Brückenkopf für das Astrale

Diese erste Übung entwickelt die Kraft, mit der Sie eine wirkliche Botschaft an Sie selbst nach dem Tod über die Barriere des Todes hinaus aussenden können. Um dies zu tun, müssen Sie ein Beobachter Ihres eigenen Lebens sein. Stärken Sie Ihre Aufmerksamkeit, indem Sie kleine Zeichen anbringen, auf denen steht: »ICH BIN BEWUSST UND AUFMERKSAM« und heften Sie diese kleinen Schildchen überall an: auf Ihrem Badezimmerspiegel, auf dem Armaturenbrett in Ihrem Auto, auf der Tür Ihres Kühlschrankes. Fertigen Sie so viele davon an, wie Sie nur können.

Diese Merkzeichen werden nicht nur Ihre aufmerksame Wahrnehmung während des Tages verstärken, sie werden sich auch in den Traumzustand übertragen. Ihre andauernde Anwesenheit wird die Botschaft in Ihr Unterbewußtes herabsinken lassen, genauso, wie die meisten unserer täglichen Gebrauchsgegenstände auch in der Traumwelt wiedererscheinen. Ihre Träume werden lebhafter werden. Und wenn Sie während eines Traums auf diesen Traum aufmerksam werden, so werden Sie die Situation meistern... Sie haben einen Sprung in Richtung Ihrer Befreiung geschafft. Wenn Sie es mit Hingabe tun, so haben Sie eine praktische Meisterschaft über unendlich viele Dimensionen erlangt.

Eine dauerhafte bewußte Wahrnehmung erzeugen

Eine andere Möglichkeit, um eine dauerhafte bewußte Wahrnehmung zu erzeugen, besteht in der Herstellung eines eigenen Slogans. Er soll sehr verlockend klingen, genauso wie ein Werbetext, den man nicht vergißt, selbst wenn man ihn vergessen möchte. Er soll als Affirmation formuliert werden: »Ich beobachte mich selbst jeden Augenblick, ich bin bewußt, hier und jetzt, hier und jetzt, ich lebe in diesem Augenblick...«

Verwenden Sie Ihre eigenen Worte, vertonen Sie Ihren Spruch. Und wenn es Ihnen sogar gelingt, ihn zu reimen, so ist dies um so besser.

Lassen Sie Ihren Spruch eine ganze Woche lang in Ihrem Bewußtsein singen. Das wird eine vollkommen neue Prägung erzeugen, die die Art, mit der Sie handeln, sitzen und sprechen, für immer verändert.

Bevor Sie diesen Spruch hatten, haben Sie diese Dinge in einer zerstreuten, unbewußten Weise vollzogen. Singen Sie Ihren Spruch zwei Monate lang, und Sie werden eine Zentriertheit erlangen, die unbezahlbar ist.

Sie werden den Menschen direkt in die Augen blicken. Die Einheit Ihrer drei Körper wird genau das tun, was Sie von Ihnen erwarten.

Wenn dies einmal geschafft ist, so werden Sie vielleicht den Spruch wieder loswerden wollen... Wahrscheinlich ist er Ihnen schon mehr als lästig.

Dies geschieht dadurch, daß Sie ihn durch einen anderen Spruch ersetzen, der aber nicht so suggestiv sein soll. (Einige meiner Schüler nahmen dazu das kleine Gedicht ›The Bunny Hop‹ her).

Und diese Ersatzworte werden Sie dann leicht aus Ihrem Bewußtsein entfernen können.

Das Wasser bewußt wahrnehmen

Eine weitere Bewußtseinsmethode ist die bewußte Wahrnehmung des Wassers. Unser Körper besteht aus mehr als 80% Wasser. Wasser ist ein Element, mit dem wir eng verbunden sind… und es ist gut, mit ihm vertraut zu sein. Jedesmal, wenn Sie ein paar Schluck Wasser zu sich nehmen, sollten Sie seine Eigenschaften bewußt wahrnehmen und daran denken, daß Sie ohne dieses Element nicht leben könnten. Versuchen Sie, für das Geschenk der ›Schwester Wasser‹, wie der heilige Franziskus es nannte, dankbar zu sein. Jedesmal, wenn Sie baden oder Ihre Hände waschen, sollten Sie Schwester Wasser mit Ehrerbietung ansprechen und leise sagen: »Ich danke dir, Schwester Wasser, für deine Kraft, deine Reinheit und deine Geduld.« Wasser ist ein Fahrzeug für Elemente aller Art, aber in seiner Essenz ist es immer rein. Diese Übung gibt Ihnen die Möglichkeit, Ihr Bewußtsein mehrmals am Tag heimzuführen.

Die Kraft der Gedanken bewußt wahrnehmen

Wir sollten die Kraft unserer Gedanken bewußt wahrnehmen. Wir sind darauf abgerichtet, nur das zu glauben, was durch unsere fünf Sinne läuft. Aber Gedanken sind Wirklichkeiten in höheren Ebenen… *Sie sind wirklich.* Wenn sie es nicht wären, so könnten sich künstlerische Schöpfungen oder Erfindungen niemals zu dem verfestigen, was wir als Materie bezeichnen. Unsere Gedanken erschaffen Formen auf anderen Ebenen, und diese ›Gedankenformen‹ haben eine Wirkung auf uns und andere Menschen. Wenn wir unser Bewußtsein von veralteten abergläubischen Vorstellungen reinigen, so wird es klarer, unsere Gedanken werden schärfer, und unsere Verantwortlichkeit für diese Gedanken wird größer. Wenn wir eine klare Gedankenburg bauen, so entsteht dabei eine astrale und mentale Sendung. Durch die Poren der Haut wird ein Signal ausgesandt. Diese Aussendung trifft das Energiefeld, das uns umgibt und beginnt, dieses Feld zu verändern. Zum Beispiel ist Angst eine Gedankenform, die mit einer Emotion verbunden ist, und in dieser Form auf das endokrine System einwirkt. Ein Hund kann Angst astral riechen, ebenso ein Pferd, ja selbst eine Spinne. Wir senden Gedanken ebenso aus, wie wir Gehirnwellen, Hitze oder Gerüche aussenden. Deshalb sind wir für sie auch verantwortlich.

Wir müssen damit aufhören, negative Gedanken zu manifestieren. Diese geladenen Bilder, geladen mit Absichten, explodieren in viele Dimensionen. Diese Aussendungen stellen eine Schicht des Astralen in uns dar. Mit Sicherheit ist ein negativer Gedanke lebendig, auch wenn er nicht sichtbar ist... Ein Bild ist ebenso startbereit wie eine Gewehrkugel. Wenn Sie jemand, den oder die Sie lieben, mit Worten verletzen, so ist es genauso, als ob Sie ihn oder sie physisch schlagen würden. Zorn entsteht dadurch, daß man durch die eigene Begrenztheit in eine Handlung verwickelt ist. Man ist zu sehr von dieser eigenen Lebenswelt fasziniert, zu abhängig von ihr. Nun werden Sie fragen, wie können wir aufhören, negativ zu sein? Seien Sie sich Ihrer Begrenztheit bewußt. Dadurch vermeiden Sie Frustration, und das ist die häufigste Quelle des Ärgers.

Das Schmerz/Vergnügen-Syndrom bewußt wahrnehmen

Sehr hilfreich ist es, durch Übung ein Bewußtsein des Schmerz/Vergnügen-Syndroms zu erlangen. Wir streben nach Annehmlichkeiten, gleichzeitig aber versuchen wir auch, die andere Seite dieser Annehmlichkeiten, nämlich den Schmerz, zu vermeiden. Schmerz geht mit Vergnügen einher, ob uns das gefällt oder nicht. Dieses Paar ist unzertrennlich. Wenn Sie beispielsweise das Vergnügen haben, sich zu verlieben, so haben Sie damit auch ohne Zweifel den Schmerz erlangt, sich von dieser Person irgendwann einmal trennen zu müssen. Wenn Sie das Vergnügen haben, Softeis mit einer doppelten Portion Schlagsahne zu essen, so haben Sie auch den Schmerz, zum Ausgleich zu fasten oder zu ertragen, daß Ihr armer Bruder Esel mit diesem ganzen Zucker fertig werden muß.

Sie sollten sich darüber im klaren sein, wie das Streben nach Annehmlichkeiten und Vergnügen *funktioniert,* daß es Unterschiede zu anderen Menschen erzeugt. Es läßt Ego-Befriedigung entstehen, und das kann zum Erwachen negativer Emotionen führen. Wenn ein neureicher, angeberischer Millionär mit seinem Rolls-Royce durch einen Slum fährt, so wird er viel negative Emotion anziehen.

Die Kraft der Nicht-Identifikation

Bewußte Wahrnehmung ist auch die Kraft der *Nicht-Identifikation.* Stellen Sie sich neben sich, betrachten Sie leidenschaftslos Ihre emotionalen Stürme, Ihre finanziellen Nöte, Ihre Karrierehindernisse. Natürlich gibt es Gefühlswallungen und Probleme. Aber wenn man sich von ihnen einfangen läßt, so bewölkt sich der Himmel. Unsere Probleme entstehen aus einer hartnäckigen Identifikation mit dieser dichten Ebene. Es ist das Leiden, das diese Realität so real erscheinen läßt. Weil Sie in der physischen Maschine leben, müssen Sie leiden. Wenn Sie aber bewußte Wahrnehmung entwickeln, so werden Sie alle Verästelungen einer Handlung sehen, bevor Sie sie vollziehen.

Seien Sie konzentriert, teilnahmsvoll und effektiv bei der Sache, aber identifizieren Sie sich nie mit einer niedrigeren Schwingung, wenn Sie nicht auf eben diese Ebene herabfallen wollen. Lieben Sie mit Ihrem ganzen Herzen, schenken Sie es voll und ganz, wenn Sie wollen, aber identifizieren Sie sich nicht. Ganz im Gegenteil: Heben Sie den Gegenstand Ihrer Liebe durch tägliche Pflege und Verantwortlichkeit auf Ihre Ebene. Dann wird Ihre Liebe auch jenseits dieses irdischen Lebens konstruktiv sein. Sie können einen ertrinkenden Menschen nicht mitten im Meer aus dem Wasser ziehen, wenn Sie in derselben Verfassung sind. Aber wenn Sie ein Floß haben, so sind Sie dazu imstande.

Genießen Sie Ihre Freuden, ohne anderen wehzutun. Sie können alles genießen, was Sie wollen, solange es niemandem Schmerz bereitet… einschließlich Ihnen selbst. Vermeiden Sie alle Handlungen, die Sie in irgendeiner Weise herabsetzen oder Ihre Kraft mindern. Genießen Sie Ihre Vergnügungen, vermeiden Sie Schmerz… Das ist durchaus in Ordnung, solange es mit Bewußtheit geschieht. Und denken Sie daran, daß das Bewußtsein von einer Freude sie noch intensiver werden läßt.

Sich selbst von einer höheren Ebene aus betrachten

Wenn Sie sich von einer *höheren Ebene* aus betrachten können, so werden Sie keine Wolken der Identifikation erzeugen. Es ist immer falsch, ein Problem auf der Ebene zu erzeugen, wo es auftritt. Gehen Sie weiter nach oben und schauen Sie darauf hinab. Wenn Sie sich nicht mehr mit den Problemen identifizieren, so können Sie sie deutlicher sehen.

Auf dieser Ebene haben wir viele Hindernisse. Von einer höheren Ebene aus können wir sie auflösen. Ihre Entscheidungen sollten Sie immer in einem gehobenen Bewußtseinszustand treffen.

Versuchen Sie diese Übung: Schauen Sie von einer erhabenen, höheren Ebene auf sich selbst herab. Sie werden eine ganz neue Sicht entwickeln. Beobachten Sie sich, wie Sie in Emotionen handeln, wie Sie Ihre Erwartungen auf die Zukunft projizieren. Es ist so, als ob Sie das Dach Ihres Hauses abtragen würden und dann alles sehen könnten, was Sie drinnen tun. Wenn Sie aus einer hohen Schwingungsebene auf sich herabblicken, so werden Sie sich selbst auf einer niedrigeren Ebene kaum erkennen. Vielleicht schämen Sie sich für das, was Sie tun, aber Sie können sich nicht vor sich selbst verstecken. In manchen religiösen Disziplinen bezeichnet man das als die ›Gegenwart Gottes praktizieren‹.

Urteilen Sie nicht mehr

Es ist sehr wohltuend, die Gewohnheit des Urteilens abzustellen. Urteil kommt von Ego. Wenn man andere Lebewesen ohne Urteil anschauen kann, so heißt das, daß das Hindernis des Egos aufgelöst wurde.

Wenn Sie einen Mann an sich vorbeigehen sehen, so können Sie mit einem Blick einschätzen, ob seine Kleidung teuer, geschmackvoll oder modisch ist. Dabei setzen Sie die ganze Ernte Ihrer Erziehung, Kultur und professionellen Erfahrungen ein… und das tun Sie tausendmal am Tag. Noch dazu kostenlos! Das ist das Ergebnis unseres Egos, das durch die Einschätzung der Besitztümer anderer Menschen sich ständig selbst gesellschaftlich einordnet. Wenn es sich in einer unterlegenen Situation findet, so schickt es das rationale Denken aus, um nach Entschuldigungen für den Mangel an Macht und Besitz zu suchen: »Ja, ich habe zwar keinen Rolls-Royce, aber ich bin jung, und er ist es nicht!«

Urteilen bedeutet einschätzen. Wir verlieren eine ganze Menge wertvoller Energie, wenn wir versuchen, alles, was wir sehen, zu bewerten. Deshalb ist es so ermüdend, einkaufen zu gehen… Sie beurteilen jedes einzelne Ding, das Sie sehen, verleihen ihm einen Wert, und das ist ein großer Energieverbrauch. Energie, meine Freunde, ist Macht. Wir dürfen auf keiner Ebene Energie wegwerfen, sondern wir müssen sie sparen.

Im folgenden nun eine taoistische Methode, um Energie zu erzeugen und einzusetzen: Stehen Sie aufrecht und strekken Sie Ihre Hände und Fingerspitzen, die Handflächen zeigen nach unten. Halten Sie dann Ihre Hände gegeneinander, so als ob sehr feine Spinnweben Ihre nur geringfügig von einander entfernten Fingerspitzen verbinden. Lassen Sie Ihre Augen auf den Händen ruhen, während Sie sie ruhig und gleichmäßig von rechts nach links, von links nach rechts bewegen. Tun Sie das fünfmal. Bringen Sie Ihre Hände dann nach oben, halten Sie sie mit den Handflächen nach innen, und lassen Sie sie eine Höhle bilden, auf diese Weise können Sie den Energieball fühlen, den Ihre Hände erzeugt haben. Nehmen Sie diesen Ball und plazieren Sie ihn, wo immer Sie wollen, am Kopf, am Hals, am Bauch, am Herzen, an den Lenden… wo immer die Energie gerade am meisten gebraucht wird.

Schweigen bewußt wahrnehmen

Seien Sie meditativ in Ihrem täglichen Leben. Reden Sie nicht zuviel, lassen Sie auch andere Menschen nicht so viel zu Ihnen sprechen. Dieses Sprechen ist eine große Energievergeudung.

Im folgenden eine Methode, die Ihnen dabei hilft, nicht zuviel zu sprechen: Halten Sie Ihre Zungenspitze eingerollt an die Gaumendecke. Niemand wird wissen, was Sie tun, es ist Ihr Geheimnis, aber dieses Zeichen wird Sie solange daran erinnern, bis ein neuer Impuls erfolgt. Sie sollten auch möglichst nicht lange vor dem Fernsehapparat sitzen... Zu viele Worte, zuviel Negativität, die das Gehirn speist! Verbringen Sie Ihre Zeit in Schweigen, voll und ganz aufmerksam und wach. Schweigen hilft Ihnen, Energie zu sammeln und zu speichern. Das sind Sie sich schuldig. Sie sind bereits das Eine, Das Ist, aber Ihre Projektionen haben Sie in die Irre geführt, Sie haben sich durch diese Welt ablenken lassen.

Es ist keineswegs notwendig, einen derartig großartigen Zustand zu erreichen, daß man ihn selbst gar nicht leben kann. Sie brauchen nicht wie ein Heiliger oder eine Heilige zu handeln, was auch immer das sein mag. Verwenden Sie einfach nur Bewußtheit als Achse für Ihr Wachstum, als zentrale Linie Ihrer Entwicklung. Es ist so einfach: *Wir befreien uns, indem wir bewußt wahrnehmen, was wir tun.* Wenn Sie sich mit irgend etwas identifizieren, so werden Sie dazu. Wie ein Schauspieler mit einer Rolle. Deshalb sollten Sie sich mit höheren Ebenen, höheren Wesen identifizieren. Und denken Sie daran, daß Sie nicht allein sind. Der Kosmos ist eine Hierarchie... Es gibt höhere Wesen über Ihnen, die Ihnen helfen werden. Versuchen Sie, Ihre Sorgen zu entdramatisieren, seien Sie wie ein kleines Kind. Öffnen Sie sich den höheren Ebenen. Lassen Sie all das ›Ich‹ und ›mein‹ fallen. Entspannen Sie sich ganz einfach und erwachen Sie für das Licht.

Träume

War es ein Wachtraum oder visionäre Prophetie?

John Keats

Ein Teil des Selbst verläßt den Körper, wenn wir schlafen, und verändert die Gestalt.

Rumi

Die Träume sind ebenso gültige bewußte Wirklichkeiten wie die Wirklichkeit, die in unserem äußeren Wachzustand erlebt wird... Traumwirklichkeiten sind unseren natürlichen Seinszuständen viel näher als selbst eine höchst intensivierte äußere Realität.

W. Brugh Joy, M.D.

Wir sprechen vom Traumzustand als unwirklich, und dem Wachzustand als wirklich. Aber um es genau zu sagen, sind beide Zustände unwirklich, denn sie hängen von derselben Art der Wahrnehmung ab.

W. Y. Evans-Wentz

Wir können die Fähigkeit entwickeln, in unseren Träumen wach zu sein... Da Aufmerksamkeit oder Luzidität im Traum schwerer zu erlangen zu sein scheint als im Wachzustand, kann man erwarten, daß die Praxis des luziden Träumens bei der Verbesserung der Fähigkeit zur Aufmerksamkeit im Wachzustand besonders effektiv ist.

Stephen Laberge

7

Träume

Es ist leicht zu sagen ›Wach auf‹, aber ist nicht das Leben ein Traum? Und außerdem… was folgt, wenn wir erwachen? Und Träume… was sind Träume eigentlich? Im Spanischen gibt es einen Spruch: »Träume sind nur Träume.« Das erklärt nichts, es zeigt uns nur, wie oberflächlich unsere Vorstellung von ›Traum‹ ist, und wie sehr sich die meisten Menschen vor dieser Dimension fürchten. Es ist, als ob man sagen würde: »Was ist der Ozean? Ganz einfach eine riesengroße Wasserfläche, deren Ende man nicht sehen kann.« Aber was ist mit seiner Tiefe?

Wir wollen uns also am Rande dieses Ozeans, der Traumwelt, niedersetzen. Es ist kein Strand, sondern ein Abgrund, in dem wir keinen Boden sehen. Es ist eine ehrfurchtgebietende Unermeßlichkeit, in der wir einen großen Teil unseres Lebens verbringen, und wo wir ganz plötzlich feststellen müssen, daß wir unsere Position nicht fixieren können. Wenn wir uns in diese Frage vertiefen, so werden wir alsbald Teil eines Traumes. Er wird von der ganzen Menschheit, aber auch von unseren kleinen Brüdern und Schwestern, den Tieren, geträumt. Wir beginnen, uns auf die schweigsame, unermeßliche Welt der Pflanzen, einzustellen, die ihr ganzes Leben im Traum verbringen. Und schließlich fragen wir uns, ob unsere alltäglichen Probleme und unsere Lebenswirklichkeit der Traum von irgend jemand anders ist, vielleicht auch sein oder ihr Alptraum. An diesem Punkt versuchen wir verzweifelt, eine Realität zu erkennen, und wir entdecken, daß dieses Reich mit all seinen Schmerzen und Freuden voll und ganz relativ ist. Wir erkennen, daß unsere größten Leistungen und Tragödien jeglichen Wert verlieren, wenn wir von einer Realität zur anderen, vielleicht auch von einem Traum zum anderen, überwechseln.

Haben Sie bemerkt, daß Ihre Wirklichkeit sich unablässig und unmerklich verändert... daß sich Einsamkeit in Liebe verwandelt, Armut in Reichtum... oder umgekehrt? Wir versuchen, uns an unsere physische Welt zu klammern, denn wir haben eine Sucht nach Wirklichkeit. Aber wo ist sie denn fest und verläßlich? Wo ist sie objektiv? Empfinden oder sehen wir mit 70 so aus, wie wir mit 16 empfunden oder ausgesehen haben? Haben wir immer noch dasselbe Interesse an den denselben ›wirklichen‹ Dingen um uns? Empfinden wir nicht die Verlagerung in die Träume? Träumen, planen wir nicht unsere Zukunft, die sich dann anders einstellt, als wir sie erträumt haben? Wo in unserem Leben können wir unsere Füße auf den Boden setzen und sagen: »Das ist Wirklichkeit, alles andere Traum«? Ist es dann, wenn wir glücklich sind und dieses Glück ausdehnen möchten, oder wenn wir verzweifelt sind und den Kopf gegen die Balken unserer Verzweiflung schlagen?

Aber schauen Sie es einmal von der *anderen* Seite, der Traumseite, an. Läuft es dort nicht genauso ab? Verschwindet nicht unsere tägliche Wirklichkeit fast vollständig in unseren Alpträumen? Nur das Gefühl, noch immer ›selbst‹ zu sein, zieht sich durch den Schmerz des Alptraums. Wo ist während dieser Zeit unser Haus, unsere Familie, unsere Arbeit und all die Einzelheiten, die unser tägliches Leben erfüllen?

Das möchte ich nun erklären: Das Problem liegt im *Zustand der Passivität*, in dem wir uns wiederfinden, wenn wir (meist unbewußt) in die Träume gleiten. Wie ein Mensch, der/die in einem stürmischen Meer über die Reling gespült wurde, haben wir nichts mehr, woran wir uns klammern können.

Wir haben das Gefühl, daß wir das Objekt eines merkwürdigen Drehbuches sind.

Aber kehren Sie diese Haltung um, und schon verändert sich die Szenerie. Wie? Es gibt nur einen Weg: Bewußtheit. Wir erlangen Bewußtheit... Die Bewußtheit von diesem ›Ich‹, das durch einen Wechsel der Wellenlänge in eine andere Realität hineingleitet, sich auf eine andere Realität richtet.

Es ist wie auf dem Fernsehbildschirm: Sobald Sie den Kanal wechseln, verschwindet die vorhergehende Szene *voll und ganz* – zuerst eine Kriegsszene, nun eine romantische Liebesszene im Mondlicht – es ist eine ganz andere Welt. Und das sollten wir gut im Auge behalten.

Vielleicht werden Sie sagen, daß das eine recht profane Art und Weise ist, feine, subtile Dinge zu erklären, aber das ist auch das Wunder des Lebens: die Schönheit, die darin besteht, daß man auf allen Ebenen eine Freiheit des Handelns erreichen kann.

Es gibt keine per se grundlegende Wirklichkeit, es gibt unendlich viele Wirklichkeiten. Wir können sie alle leben, und wir sollten sie alle genießen.

Genauso wie reiche Leute sich neue Häuser kaufen und von einem Land zum anderen übersiedeln, können auch Sie die Realität, die Sie bewohnen wollen, für sich selbst definieren... Nachdem Sie die Fähigkeit erlangt haben, diese Wirklichkeiten kennenzulernen.

Ich möchte Ihnen vorschlagen, daß Sie Ihre Lehrlingszeit mit der *nächsten* Dimension beginnen. Fahren Sie nicht gleich am Anfang zu weit weg. Ihre Traumwelt ist Ihr nächstes Thema.

Zuallererst haben Sie schon einmal bemerkt, daß der Traum bereits ›läuft‹, wenn Sie in ihn eintreten. Er beginnt nicht damit, daß sie in ihm auftauchen. Niemand heißt Sie in der Show oder auf der Bühne willkommen, niemand wartet im Grunde auf Ihre Ankunft. Es ist eher so, als ob man einen Bus besteigen würde. Jeder Passagier tut das seine oder das ihre, und Sie beschäftigen sich mit dem, was Sie betrifft. Und es wird kein besonderes Zeichen auftauchen, um anzukündigen, daß das jetzt alles aufhört und verschwindet, nur weil Sie wachgeworden und aus dem Traum herausgetreten sind.

Je mehr Sie an Ihren Träumen arbeiten, je mehr Sie diese Reise mit Bewußtheit praktizieren, um so näher kommen Sie einem luziden Traumzustand, in dem Sie erkennen, daß Sie die Dimensionen *tatsächlich* gewechselt haben, vor allem, da Sie jetzt imstande sind, sie miteinander zu vergleichen. Und diese Fähigkeit stellt sich ganz natürlich bei Ihnen ein. Der erste Gedanke lautet: »Oh, ich träume… Das ist nicht meine gewohnte Welt.« Und das ist der Beginn einer neuen, wunderbaren Erfahrung und Erkenntnis.

Aber zuerst müssen Sie damit beginnen, *hier* in der Welt Ihrer fünf Sinne und drei Dimensionen zu erwachen. Das ist die Welt, die unser lieber Verstand für uns erbaut hat, es ist die Ebene, wo wir uns jetzt befinden, die Ebene, die wir als unsere Wirklichkeit bezeichnen. Betrügen Sie sich nicht selbst: 90% der Zeit verbringen Sie in festem Schlaf und Traum, selbst wenn Sie mit einer Geschwindigkeit von 100 km/h auf der Autobahn fahren. Sie sehen, es ist nur ein einziger Unterschied zwischen der sogenannten wirklichen Welt und der Traumwelt. Die erstere scheint eine *Kontinuität* zu besitzen, die ihr Glaubhaftigkeit verleiht. Die andere aber ist schrecklich chaotisch, sie scheint *zusammenhanglos* und viel fluktuierender als unsere Alltagswelt.

Ich möchte Ihnen eine Geschichte erzählen, die diese Situation illustriert. Es gab einmal einen armen Landstreicher, der jede Nacht unter der Louvrebrücke in Paris schlief, wie so viele andere Chlochards. Er war so normal, wie diese Art des Lebens es ihm erlaubte. Während des Tages wühlte er in den Abfalltonnen oder genoß die Sonne am Seine-Ufer. Aber eines Nachts setzte eine ganz merkwürdige Erfahrung ein, und sie wiederholte sich mit erstaunlicher Regelmäßigkeit. Sobald er eingeschlafen war, träumte er, daß er der König Ludwig XIII. sei, der dort oben im Louvre residierte.

Als König kam er dann allen Pflichten nach, die seine Position mit sich führte. Aber sobald er sein königliches Haupt auf das königliche Kissen legte, um sich nächtliche Ruhe zu gönnen, öffnete er seine Augen wieder als Clochard und begann einen neuen Tag der Armut und Heimatlosigkeit. Während der ersten Woche war er schrecklich verwirrt. Aber nach einigen Monaten konnte er nicht mehr unterscheiden, ob er tatsächlich ein Landstreicher war, der nur träumte, König zu sein, oder aber ein König, der in seinem Traum Landstreicher war. Das Geheimnis wurde dadurch undurchdringlich, daß die Ereignisse in beiden Rollen logisch und kontinuierlich aufeinander folgten, so daß seine beiden Existenzen, von denen die eine dann begann, wenn die andere endete, in sich stimmig waren. Die beiden Leben waren nicht fragmentär wie Träume, sondern kontinuierlich... Und sobald wir *Kontinuität* haben, so halten wir es für Realität. Demnach konnte der arme Kerl in keine der beiden Existenzen den Keil des Zweifels treiben, ohne unlogisch zu werden. Aber halt! Ist eine Abfolge von Ereignissen notwendigerweise logisch?

Nun, Ereignisse sind für uns die Beziehungen, die wir zwischen dem, was wir wahrnehmen, herstellen. Wir rasen Kopf voraus durchs Leben wie irgendein Raumfahrzeug in einen Asteroidengürtel. Aber nur einige von diesen Asteroiden werden wahrgenommen, die anderen ziehen unbemerkt vorüber. Je nach unserem Reifegrad, unserer Kultur, unserem Interesse und unserem emotionalen Charakter begegnen uns viele oder nur einige wenige Ereignisse. Zum Beispiel wird irgendein Bauer in den Bergen eines wenig entwickelten Landes während seines Lebens nur wenige Dinge bewußt erfahren, ganz im Gegensatz zu einer reichen und schönen Frau, die eine Topmanagerin in einer New Yorker Firma ist.

Als nächstes wollen wir die Essenz dessen betrachten, was wir als logische Ereignisse bezeichnen. Welcher philosophischen Richtung wir auch folgen, immer müssen wir sie durch unser rationales Denken ausdiskutieren. Unser Gehirn kann nicht denken, ohne seinen Gesetzen – oder besser gesagt: Beschränkungen – zu folgen. Wenn es nach dem Verstand geht, so muß alles eine Ursache haben, eine Wirkung erzeugen, und irgendeine Art der Dauer haben und schließlich Raum einnehmen.

Jedesmal, wenn irgend etwas geschieht, erwarten wir, eine Ursache zu finden. Und wenn das nicht möglich ist, sind wir unterschwellig noch immer davon überzeugt, daß es doch eine gibt. Vorläufig aber setzen wir an diese Leerstelle ein Symbol... Schicksal, den Willen Gottes, oder selbst ›Zufall‹, den dünnsten und fadenscheinigsten von all diesen Begriffen.

Wir wollen ein reales Beispiel nehmen: Ein Flugzeug startete in New York, nahm in einer anderen Stadt Passagiere auf und nahm Kurs auf Puerto Vallarta an der mexikanischen Küste. Unter den Passagieren war auch ein junges Paar in den Flitterwochen, eine Sportsmannschaft und Menschen aus allen möglichen Lebensbereichen mit verschiedenen Interessen, verschieden alt, verschieden begütert, die meisten von ihnen waren auf Urlaubsreise. *Logisch* wäre gewesen, daß mindestens die Hälfte von ihnen dieses Ziel erreichen würde. *Logisch* wäre es gewesen, wenn das junge Liebespaar voller Pläne und Hoffnungen das Hotel erreicht hätte. Aber nein! Das Flugzeug krachte gegen einen Berg, und alle Insassen starben. Und das soll nun logisch sein? Es ist ganz einfach absurd. Kein Plan in dem Kopf auch nur eines Passagieres hatte dieses schreckliche Ende als logische Folge mit einbezogen. Natürlich dachten die Reisenden, wie auch jeder andere, an das Risiko eines Zusammenpralls oder Absturzes, aber sicherlich nicht als logische Folge all ihrer bisherigen Handlungen.

Wir wollen nun zu der Existenz vielfacher Wirklichkeiten zurückkehren. Alle Dimensionen haben dieselbe Wirkungsweise, die in einem einfachen Aphorismus formuliert werden kann: *Ein Bewußtsein schafft eine Wirklichkeit, die durch seine eigenen Beschränkungen definiert ist, ganz gleichgültig auf welcher Ebene dieses Bewußtsein entsteht.* Somit wird das Zentrum der bewußten Wahrnehmung zum Fahrzeug, das die Elemente, zu denen es in Beziehung steht, überhaupt erst organisiert.

Erinnern Sie sich an das ungeheure dunkle Feld, das mit irgendwelchen Gegenständen übersät war? Der Scheinwerfer des Bewußtseins bewegt sich darüber hinweg und hebt alles in die bewußte Wahrnehmung, was er berührt. Und während diese Bewußtheit/Wirklichkeit über das dunkle Feld streift, fällt der Rest in Vergessenheit zurück. Tatsächlich existiert im kosmischen Zusammenhang kein Gegenstand wirklich. Aber die *Essenzen* werden in Bewußtsein übersetzt und relative Felder werden zu kohärenten Wirklichkeiten organisiert.

Ich weiß, daß diese Sicht der Dinge in uns ein Gefühl der Unbehaglichkeit hinterläßt. Wir sind so sehr an die Illusion der Objektivität gewöhnt, daß wir uns ohne sie wie Schulkinder fühlen, die die Mutter zum ersten Mal in der Klasse alleingelassen hat. Aber das ist der Beweis dafür, daß wir zu wachsen beginnen. Dies ist der große Unterschied zwischen der materialistischen Weltsicht unserer Urväter, der wir als gehorsame und nicht sehr neugierige Kinder folgten... und unserer ungeheuren Leere, die wir nun auf allen Ebenen unseres sich entwickelnden Bewußtseins zu erkennen haben.

Die Tore zu anderen Dimensionen öffnen

Durch Träume können wir in praktische Berührung mit dem treten, was die theoretische Physik als unsere ›Möglichkeiten‹ bezeichnet. Wir haben mehrere Tore zu der ersten Dimension jenseits der dreidimensionalen Welt, in der wir handeln. Ich möchte einige von ihnen für Sie öffnen, indem ich besondere Techniken angebe: 1. Den nächtlichen Übergang in den Schlaf mit bewußter Wahrnehmung hypnagogischer Bilder, 2. Den morgendlichen Austritt aus dem Traumzustand, 3. Die Ausdehnung nach jenseits des Alpha-Zustandes während des Tages, zu dem die Psychiatrie keinen Zugang hat. Und natürlich werden noch weitere Möglichkeiten erscheinen, wenn sich das Bewußtsein erweitert.

Hypnagogische Bilder erkennen

Bereiten Sie sich auf Ihre Traumarbeit durch Reinigung vor. Zunächst auf der physischen Ebene, indem Sie Ihre Zähne putzen und Ihre Hände waschen. Dann waschen Sie auch all Ihre Sorgen weg. Sagen Sie sich: »Der Tag ist vorüber. Jedem einzelnen Tag sein Schmerz, seine Sorgen und Klagen. Jetzt ist es vorbei. Ich will es vergessen.« Liegen Sie auf dem Rücken, die Hände ruhen an Ihrer Seite. Atmen Sie langsam dreimal tief durch, um die Lungen zu leeren. Atmen Sie ein, atmen Sie vollständig aus, halten Sie einen

Augenblick inne, atmen Sie dann erst wieder ein. Das führt zur Entspannung.

Visualisieren Sie dann eine heitere und schöne Szenerie… einen Sonnenuntergang auf dem Meer, ein Feld voll wilder Blumen, schneebedeckte Berge, Sie können auch ein Gebet, das Sie kennen, hersagen, Ihr Bewußtseinszustand wird steigen, Ihr Gehirn wird sich abkühlen. Ziehen Sie langsam die Energie von Ihren Zehen hinauf bis zum Scheitel, wo sie dann Ihren Körper verläßt. Nun ist es Zeit für Selbstsuggestion. Sagen Sie sich: »Ich werde mich an meine Träume erinnern.« Es genügt nicht zu sagen: »Ich *möchte*«, vielmehr müssen Sie sagen: »Ich *werde.*« Die Erinnerung an Träume ist der erste Schritt zur bewußten Wahrnehmung während des Traumzustandes. Wenn Sie sich an Ihre Träume erinnern, werden Sie mit der Zeit eine Kontinuität erkennen… Sie werden sich an immer mehr erinnern. Um die Selbstsuggestion zu verstärken, und die Intention zu festigen, sollten Sie einen roten Kreis visualisieren. In diesem Kreis sehen Sie dann den folgenden Satz in großen schwarzen Buchstaben: »ICH WERDE MICH AN MEINE TRÄUME ERINNERN.« Sehen Sie diesen Satz klar vor sich. Lassen Sie den Kreis dann kleiner und kleiner werden, bis er in einem Punkt hinweggeschwunden ist.

Jetzt können Sie nach dem hypnagogischen Zustand Ausschau halten. Hinter Ihren Augenlidern werden Sie bewegte Bilder sehen. Die Gedanken werden ihre Rationalität verlieren. Und der Witz besteht nun darin: Bevor Sie ganz einschlafen, sollten Sie *sich bewußt werden,* daß Sie in eine andere Dimension hinübergleiten. Beginnen Sie, einen Traum zu beobachten.

Das sollte Ihnen jede Nacht gelingen, sofern Sie nicht aus irgendeinem Grund so ermüdet sind, daß Sie ein vollständiges Blackout erleben. Wenn Sie diesem Prozeß des Hinübergleitens aus dem normalen rationalen Denken zu den nichtlogischen Sequenzen der Traumgedanken folgen, so müssen Sie zugeben, daß entweder die ganze Menschheit jede Nacht verrückt wird, oder daß wir in der Tat mit einem anderen Apparat zu denken beginnen.

Diese Behauptung wollen wir nun überprüfen. Wir können uns zu jeder Zeit aus einem Traum zurückziehen und zu unserem normalen Verstandeszustand zurückerwachen, und das beweist, daß wir nicht verrückt werden. Das bedeutet aber notwendigerweise, daß wir tatsächlich mit einem anderen Denkkomplex zu denken beginnen. Träume sind jenseits des rationalen Bewußtseins... Der Verstand kann keine zwei Minuten von diesem unlogischen Zeug akzeptieren, das wir als Traum bezeichnen! Was geschieht also? Wir verlagern unser Bewußtsein auf eine subtilere Ebene, in der wir die astrale Matrix unseres Gehirns verwenden. Und über die mangelnde Logik unserer Träume sind wir gar nicht erstaunt, denn wir verwenden ja den anderen Apparat, das Gehirn mit der astralen Matrix. Wenn Sie nun in die astrale Welt hinübergleiten, so sollten Sie beobachten, wie Sie hinüber- und zurückwechseln. Der Traum beginnt... Der Verstand hat aufgegeben... und schon geht es los.

Die ersten Träume sind Träume einer tieferen Ebene. Sie wissen, daß es eine Luftdecke um die Erde gibt, und deren tiefste Schicht besteht aus Smog und Wolken. In der gleichen Weise beziehen sich die Träume der tiefsten Ebene auf irdische Handlungen... Die höheren Ebenen sind wie die Ionosphäre. Die frühen Träume der Nacht, die aus Bruchstücken der Tageserlebnisse bestehen, gehören zur Smogschicht (viele Menschen glauben irrtümlicherweise, daß alle Träume so sind). Auf die frühen Träume, dem ›Müll‹ tieferer Ebenen, folgt tiefer Schlaf und Blackout. Dann beginnt unser Bewußtsein höhere Ebenen wahrzunehmen. Die Träume, die wir unmittelbar vor dem Erwachen haben, gehören meist zu diesen höheren, luzideren Träumen.

Diese Übung ist äußerst wichtig. Warum? Weil sie Sie zu unmittelbarer Meisterschaft über Trauma des Todes, der Angst und alles dessen führen kann, wenn Sie sie mit vollem Bewußtsein durchführen. Sie wird Sie auch in größter Deutlichkeit mit der unbestreitbaren Tatsache konfrontieren, daß wir zwischen vielen verschiedenen und manchmal auch nicht so verschiedenen Ebenen oder Welten leben, die von autonomen Bewußtseinen wie Ihnen und mir bevölkert sind.

Haben Sie jemals den Spruch »Wie oben, so unten« gehört? Genauso wie Sie ohne weiteres von den Vereinigten Staaten nach Tijuana überwechseln können und dort unmittelbar eine andere Sprache, andere Bräuche, aber trotzdem menschliche Wesen finden, so können Sie auch in eine andere Dimension eintreten (oder besser gesagt: sich auf eine andere Dimension einstellen).

Sie können in einer Dimension ankommen, die Sie sich nie vorgestellt haben und die am wenigsten erwarteten Wirklichkeiten erfahren… Und dazu möchte ich Sie jetzt anleiten.

Bevor Sie morgens Ihre Augen öffnen, werden Sie sich noch immer lebhaft an Ihren letzten Traum erinnern… und das heißt, daß Sie noch immer in ihm sind. Aber gleichzeitig wissen Sie auch, daß Sie jeden Augenblick imstande sind, die Augen zu öffnen, die Ebene zu wechseln und aus dem Bett zu steigen. An diesem Punkt sollten Sie sich nun *nicht bewegen.* Wenn Sie es tun, so wird die Traumszenerie, in der Sie noch immer eingetaucht sind, verschwimmen, wie es mit einem Photo geschieht, daß durch eine Schicht Wasser betrachtet wird… Es wird verschwimmen und verschwinden. Und Sie werden ›auf dieser Seite‹ verbleiben, hellwach… Und Sie werden Ihren Tag beginnen.

Bewegen Sie sich also nicht. Behalten Sie die bewußte Wahrnehmung des Tageslichtes, das durch das Fenster hereindringt, behalten Sie die Empfindung des Gewichtes Ihrer Bettdecke und gleiten Sie in den Traum zurück. Nun wird ein Teil der Schlafzimmerszenerie hinwegdämmern. Behalten Sie aber, wenn möglich, beide Wirklichkeiten im Auge. Gehen Sie dann entschieden in die Traumszene zurück, und veranlassen Sie dort eine Veränderung, um Ihre bewußte Kontrolle über den Traum zu beweisen. Tun Sie irgend etwas Drastisches, was Sie an einem öffentlichen Ort niemals tun würden!

Wenn diese Szene beispielsweise ein Restaurant ist, das Sie gerade verlassen wollten, so gehen Sie zurück und stoßen einen Tisch um oder schütten einem Gast die Suppe ins Gesicht. Oder, wenn Ihnen das lieber ist, nehmen Sie einfach irgendein silbernes Besteck an sich und rennen Sie wie ein unbeholfener Dieb aus dem Restaurant auf die Straße. Vielleicht glauben Sie, daß das lustig und leicht klingt, aber Sie werden staunen. Die Figuren in Ihrem Traum sind ein Teil der Szene. Sie haben sie sich nicht ›ausgedacht‹, wie es in einem Tagtraumerlebnis geschehen würde: Dort können Sie Ihre Figuren alles tun lassen, was Sie wollen. Nein, im Traum gehören sie sich selbst, und sie handeln ganz normal. Sie werden bemerken, daß der Vollzug irgendeiner drastischen Handlung auf der Traumebene ebenso schwierig ist, wie es für Sie hier in einem ›wirklichen‹ Restaurant der Fall wäre. Sie werden Ihren ganzen Mut brauchen... obwohl Sie sich durchaus bewußt sind, daß Sie noch immer im Bett liegen und aus dieser peinlichen Situation willentlich aussteigen können.

Aber warum erfordert es Mut? Normalerweise können wir uns jede beliebige Geschichte ausmalen, können ohne Angst oder sonstige Gefühle zusehen, wie wir darin handeln. Warum nicht in diesem Fall? Ganz einfach: Diese Traumwelt hat Ihre ganze Persönlichkeit absorbiert... abgesehen von dem physischen Fahrzeug im Bett, das lediglich auf der autonomen Ebene, die vom Kleinhirn gesteuert wird, weiter funktioniert. ›Sie‹, mit all Ihren Werten sind in der anderen Welt des luziden Traumes, einer Welt, die der unsrigen so nahe ist, daß sie fast einer Fotokopie gleicht. Die meisten unserer sittlichen und gesellschaftlichen Werte gelten auch dort, und deshalb fühlen Sie sich so unbehaglich, wenn Sie irgend etwas Drastisches anstellen. Sie sind wieder in ihre Ebene eingetreten, und die Leute dort sind genau wie Sie, menschliche Gestalten, nicht Ihre imaginären Figuren... und deshalb können Sie ihre Reaktionen überhaupt nicht vorhersehen. Das Ganze wird nun so wirklich werden, daß es schon fast schrecklich ist, aber da Sie die Wahl haben, im Traum zu verbleiben und unangenehme Folgen auf sich zu nehmen, oder einfach die Füße unter den Arm zu nehmen und wegzulaufen... werden Sie jetzt Ihre Augen öffnen, sich umdrehen und die ganze Geschichte mit einem Seufzer der Erleichterung hinweglachen. »Uhhh, es ist vorbei, ich bin wieder bei mir!«

Dieses wichtige Erlebnis wird Sie durch die Unmittelbarkeit Ihrer eigenen Erfahrung lehren, daß wir in einer Nachbardimension auch Nachbarn haben. Es wird Sie auch lehren, daß Sie diese Welt, oder zumindest den Teil, in den Sie eintreten, durch bewußte Wahrnehmung, durch Handlung und Willenskraft verändern können. Und zu guter Letzt wird sie Sie auch lehren, daß der physische Körper für Ihre Existenz nicht unabdingbar ist. Sollte Ihr Herz aus irgendeinem Grund zu schlagen aufgehört haben, während Sie ›dort drüben‹ waren, so hätten Sie Ihre Erfahrung ohne weiteres weiterführen können. In jener Dimension wird Ihnen durch Ihre eigenen Beschränkungen ein physischer Körper geliefert, der dem, der da im Bett liegt, vollkommen gleicht, nur daß er vielleicht gesünder und jünger ist. Mit ›geliefert‹

meine ich natürlich, daß sowohl Sie, wie auch Ihre ›Nachbarn‹ sich keine Person ohne Kleider, Körper, usw. vorstellen können. Und die Merkmale des Selbstbildes, das Sie projizieren, definieren die Qualität Ihrer Kleidung, Ihres Auftretens und Verhaltens. Deshalb ›sehen‹ wir und andere uns oftmals als jünger und strahlender, als wir wirklich sind.

Vielleicht werden Sie fragen: »Wer sind diese Leute?« Schwer zu sagen. Zunächst einmal stellen wir uns auf Wellenlängen unserer eigenen Art ein… Dies wird als *Syntonie* bezeichnet. Diese Schwingungen sind einander sehr ähnlich, so etwa wie eine ganz leichte Drehung des Sendeknopfes am Radio. Und so sind einige von diesen Gestalten menschliche Reisende, die sich in diese Frequenz verirrt haben, so als hätten sie eine Straße mit einer anderen verwechselt. Andere sind vielleicht Menschen, die gestorben sind und ihre Ebene nicht definieren können. Wieder andere sind mentale Formen, die von Autoren geschaffen wurden, Kinofiguren etwa, die den Weg zur Kamera nie zurücklegen konnten, dennoch aber mit emotionaler Energie geladen sind und die Rolle ausagieren, die sie im Bewußtsein des Autors hätten spielen ›sollen‹. Auf dieser halbastralen Ebene sind sie sehr real.

Wenn Sie mir einen kleinen Exkurs erlauben, so werde ich Ihnen einen interessanten Fall erzählen. Es geschah in einer höchst exklusiven Gruppe von ›Geist‹-Forschern im Jahre 1925, als diese Art der Forschung sehr populär war. Sie verwendeten ein Medium, das die Gabe besaß, im Trance-Zustand genügend ätherische Energie aus seinem Körper gewissermaßen auszuschwitzen, um damit einer Wesenheit die Möglichkeit zu verleihen, in einem physischen Körper zu erscheinen. (Diese ätherische Energie wird als Ektoplasma bezeichnet. Sie hat ein Gewicht von 9 Gramm und eine sehr tiefe Temperatur, etwa 29 Grad Celsius.) Diese seltenen Erscheinungen materialisieren nicht ihre Beine und Füße, sondern erscheinen (im Zentrum des Kreises, der von den Forschern durch Händehalten gebildet wird) nur etwa bis zur Mitte ihrer Oberschenkel. Und wenn eine solche Erscheinung nicht durch die Stimme des Mediums, sondern unmittelbar kommunizieren will, so muß sie offensichtlich aus dem Ektoplasma, das ihr vom Medium verliehen wurde, eine Luftröhre, einen Gaumen, Zähne und eine Zunge schaffen. Ansonsten könnte sie nur heulen, nicht aber verständlich sprechen.

Nun hatte die Gruppe zu ihrer Genugtuung und als Nervenkitzel bei jeder wöchentlichen Sitzung die Manifestation eines jungen Mannes. Seine Erscheinung war typisch für einen Kranken... Blasse Gesichtszüge, ungekämmtes Haar, und seine Rede wurde ständig durch einen schmerzhaften Husten unterbrochen. Seine Kleidung entstammte mit aller Sicherheit der romantischen Periode um 1830. Er stellte sich namentlich vor, gab sich als Dichter zu erkennen und erzählte dann im Laufe dieser wöchentlichen Sitzungen die ›wahre‹ Geschichte seines Lebens, seiner Liebe und seines Todes.

Zu dieser Forschungsgruppe gehörte auch mein Meister, Tulio Castellani. Er entschloß sich, diese schmerzenvolle Erscheinung zu überprüfen. Und zu der großen Enttäuschung der Spiritisten kam er zu folgendem Ergebnis: Der ›Spuk‹ hatte nie in menschlicher Gestalt existiert. Vielmehr war er die Hauptperson eines romantischen Romans der achtziger Jahre des letzten Jahrhunderts, und die äußeren Kennzeichen, die er zeigte, waren in diesem Roman klar dargestellt. Wäre Tulio kein Mathematiker, Entomologe, Physiker und Jurist gewesen, der mit den Füßen fest auf der Erde stand, so hätte er diesen astralen Scherz einfach geschluckt und alle übrigen hätten dieses Wesen mit Lebensenergie gespeist und hätten diesem armen astralen Lügner Mitgefühl und Liebe gespendet.

Wenn es überhaupt irgendeine Welt gibt, in der das Lügen die wichtigste Aktivität zu sein scheint, so ist es die astrale. Hüten Sie sich also vor Ihren Besuchern! Aufgrund der höchstbeweglichen Energie/Materie, mit der sie umgehen, sind sie große Schauspieler. Sie können Umhänge, Turbane tragen, sie können sonnengebräunt sein, aus orientalischen Augenblicken und eine höchst würdige patriarchale Anwesenheit entfalten. Und wenn Sie ihnen die Möglichkeit geben, so werden sie in Ihren Träumen erscheinen. Sie werden vielleicht Liebe und Achtung übermitteln, aber viele von diesen maskierten Wesen sind schlicht und einfach übersinnliche Vampire, die sich mit menschlicher Energie ›speisen‹, um sich nicht in ihrem Medium wie Gelatine in warmen Wasser aufzulösen, um nicht zu verdampfen. Wenn Sie also keine Abwehrmechanismen haben, so halten Sie sich von ihnen fern.

Wenn Sie in einem Traum auf Dunkelheit oder irgend etwas, was für Sie schrecklich ist, treffen, so können Sie ihm mit einem religiösen Symbol oder Satz begegnen. Ein Kreuz, ein buddhistisches *mantram,* was für Sie gerade am natürlichsten ist. Das ist selbst wieder eine Übung in Bewußtheit und deshalb für Ihre Entwicklung wertvoll.

Und was die Interpretation der Träume anbelangt, so sollten Sie sie *ohne Emotion* abspulen, und die Symbole werden abtropfen. Mit anderen Worten: Frieren Sie Ihren emotional/astralen Bereich ein, und sie werden wie lineare Zeichnungen ohne Farbe erscheinen. Dann werden Sie erkennen können, was sie bedeuten. Bleiben Sie ruhig und kontemplativ. Unsere Träume sind wie die Szenen eines Filmes. Sie können einen ganzen Film nicht verstehen, wenn Sie nur ein paar Meter sehen, die in der Mitte herausgeschnitten wurden! In gleicher Weise sehen wir nur Teile der Traumwirklichkeit. Suchen Sie deshalb nach der Essenz des Traumes.

Die Methode des Alpha-Zustandes ist recht interessant und sehr leicht durchzuführen. Ihre Basis ist die normale jugendliche Gewohnheit des ›Tagträumens‹. Das bedeutet ganz einfach, *bequem* zu sitzen und das Bewußtsein schweifen zu lassen... Auf der Suche nach irgendeinem angenehmen Erlebnis, das man sich vorstellt oder im Bewußtsein ›bildet‹. Der Unterschied zu der vorhergehenden Methode des Wiedereintrittes in den Traum liegt darin, daß wir uns nun bewußt hinsetzen und etwas erfinden. Wir sind uns voll und ganz bewußt, daß wir die Umstände und Charaktere unseres Erlebnisses selbst schaffen.

Machen Sie es sich in Ihrem Lehnstuhl oder auf Ihrem Sofa bequem. Aber legen Sie sich nicht ins Bett... Sie wollen ja nicht einschlafen, Sie wollen nicht in den Traumzustand eintreten, wie es üblicherweise während der Nacht geschieht. Schließen Sie nun die Augen und stellen Sie sich beispielsweise vor, daß eine bezaubernde Person, die für Sie sexuell attraktiv ist, den Raum betritt. Bauen Sie die ganze Szenerie auf, aber halten Sie sie sehr einfach... Leere Wände, große Fenster, die auf einen Garten hinausblicken. Weiter: Er oder Sie tritt ein. Begrüßungen, Blicke, leidenschaftliche Umarmung... Sie sind sehr nahe und glücklich... Und Sie können sich nun vorstellen, daß sich eine Liebesbeziehung entwickelt. (Aber denken Sie daran, daß dies alles willentlich durch Ihre Vorstellungskraft geschieht.) Bis hierher macht das normalerweise jeder Teenager. Es ist leicht und angenehm.

Aber nun blicken Sie aus dem Augenwinkel, während Sie sich küssen, auf die Szenerie, die Gegenstände, die dort vorhanden sind. Sie könnten durchaus entdecken, daß sich der Raum verändert hat. Auf jener Wand, die Sie sich nicht in allen Einzelheiten vorgestellt haben, ist nun ein Gemälde mit vergoldetem Rahmen erschienen. Etwas weiter dort drüben links ist eine Tür, und Sie können sehen, daß sie in andere Räume führt.

Eine flüchtige Silhouette ist gerade vorbeigehuscht. Was geschieht?

Geschehen ist, daß Sie gerade jetzt wieder die Grenzen überschritten haben. Vorher hatten Sie sich Ihr Erlebnis selbst geschaffen, und Sie wußten ganz genau, daß Sie es getan hatten, daß es ohne Sie nicht vorhanden wäre. Aber während Sie noch die Umgebung schufen, während Ihre physischen Empfindungen aufgrund Ihrer bequemen Position hinwegschwanden, war Ihre Aufmerksamkeit in den Alpha-Bereich des Traumes gewandert. Ohne die Grenze wahrzunehmen, sind Sie in die astrale Dimension hinübergeglitten.

Jetzt sind Sie mit Ihrem/Ihrer Traumgeliebten allein. Nehmen Sie seine oder ihre Hand, führen Sie ihn oder Sie gewissermaßen hinter die Bühne und betreten Sie die Traumwelt voll bewußt. Lassen Sie die Dinge geschehen. Mit einiger Übung können Sie auch andere Wesen evozieren, andere Umstände willentlich und unmittelbar erzeugen. Diese Umstände erfordern keine Imagination, sondern nur Beobachtung. Sie gehören zu einem subtilen Energiefeld und werden sich als vollkommen unerwartete, autonome und reale Welt spontan um Sie herum entfalten... Es ist eine Welt außerhalb Ihrer Kontrolle, abgesehen von einigen kleinen Einzelheiten. Sie werden imstande sein, diese Erlebnisse dadurch zu erzeugen, indem Sie Ihr Bewußtsein durch die Tore des inneren Schweigens ausdehnen. Und dieses Wachstum der bewußten Wahrnehmung nach jenseits der normalen Grenzen wird auch auf Ihre Fähigkeit der tagtäglichen Problemlösung ›ausstrahlen‹, Sie wird Ihnen in dieser Welt Macht verleihen und Sie in die letztendliche Lösung von Leben und Tod einweihen.

Sie werden auch eines der allgegenwärtigen Gesetze des Kosmos erlernen: *Die Kraft der Schöpfung steigt vom Subtilen zum Konkreten ab.* Das wird bereits im Evangelium des Johannes deutlich gesagt, dort ist das ›Wort‹ (das genaue Bild einer Idee) gleichbedeutend mit dem ›Schöpfer‹. Von diesem Ausgangspunkt an entwickelt sich die Schöpfung, die im ursprünglichen Begriff, dem ›Wort‹, bereits gesetzt ist und präexistiert.

All das sollte für Sie ein Hinweis sein: Die Szenerie kann nur verändert werden, wenn man *hinter* den Kulissen steht. Die Zuschauer (die Menschen des täglichen Lebens) sehen nur die Wirkung. Der Schlüssel zur Veränderung dessen, was als ›materielle Wirklichkeit‹ erscheint, liegt in der Ausdehnung Ihrer Macht, die durch die Erweiterung des Bewußtseins auf andere Ebenen erzeugt wurde. Versuchen Sie, die Haut der ›Realität‹ bis zu dem Punkt abzutragen, an dem Sie durch sie hindurchgehen können.

Was ist Tod?

Mit Angst vor dem Tod müssen wir dafür bezahlen, daß wir die Identität des Körpers als abgegrenzte Entität im Wirken des Ganzen annehmen.

Nisargadatta

Es gibt keinen Tod! Was so erscheint, ist nur Übergang.

Henry Wadsworth Longfellow

Wenn man vor dem Tod Angst hat, so kann man dieser Angst dadurch aus dem Weg gehen, daß man an Reinkarnation glaubt, aber das ändert nichts daran, daß die Angst noch immer vorhanden ist... Begriffe können uns nicht helfen, unsere Ängste abzulegen.

Krishnamurti

Es gibt keinen Tod, nur eine Veränderung des Bewußtseins, eine Veränderung des kosmischen Aufenthaltes.

Bob Toben

Gute Werke empfangen einen Menschen, der Gutes getan hat und von dieser Welt zu der anderen gegangen ist, ebenso, wie Freunde und Verwandte einen Reisenden nach seiner Rückkehr empfangen.

Aus den Lehren des Buddha

8

Was ist Tod?

Das detaillierte Verständnis unserer Träume und die damit verbundene Methode, in andere Dimensionen einzutreten, führen uns ganz natürlich zu dem sogenannten Problem des Todes. Jetzt wollen wir zunächst einmal innehalten: Der Tod ist nicht problematisch, ist aber für uns Menschen ein Geheimnis. Ist es nicht merkwürdig, daß wir in unserer Geschichte jahrtausendelang von Menschen, Tieren und Pflanzen umgeben waren, die geboren werden, sich während ihres Lebens manifestieren und schließlich sterben, und daß wir, die wir diese Vorgänge beobachtet, aber auch selbst durchgespielt haben, dieses Naturphänomen noch immer als ein wirkliches Mysterienspiel betrachten?

Das Geheimnis dabei ist aber nicht die Art, auf die der Tod eintritt (das finden wir ja immer heraus), sondern *wann*... und vor allem: was dann der nächste Akt sein wird, wenn es überhaupt irgendeinen gibt. Dieses ›wenn überhaupt‹ hat die Menschheit schon ganz schön lange in Verlegenheit gebracht. Aber ist es immer so gewesen? Haben auch andere Zivilisationen angesichts dieser Erfahrung im Dunklen getastet?

Die Vorstellungen archaischer Zivilisationen über den Tod haben uns durch zwei Kanäle erreicht. Zunächst einmal durch historische umfassende Beschreibungen antiker Philosophien, zweitens durch all die esoterischen Schulen, Sekten und sonstigen Informationen, die aus Asien bei uns eingeflossen sind. Aber die zweifelhafte Seite all der historischen, offiziell anerkannten Beschreibungen besteht darin, daß sie (zum Pech für unser Verständnis!) filtriert, zerhackt und zur Wurst verarbeitet wurden, und zwar entsprechend der Beschränkungen der Verarbeitungsmaschinen… und unglücklicherweise wurde diese Maschine durch mindestens 300 Jahre einer immer stärker materialistischen Denkungsart und zwar von höchst unpraktischer und verdrießlicher Couleur geschaffen. Und was die esoterische Information anbelangt, so ist sie oft gefährlich verwirrend, da sie zu uns als ein Wasserfall von östlicher Weisheit gekommen ist, allerdings verfrachtet in Fässern, die von jüdisch-christlichem Geschmack getränkt sind: Das ganze Gemisch ist deshalb aus verschiedenen widersprüchlichen Glaubenssystemen zusammengesetzt und mit einem Schuß höchst nüchtern salopper Techniken sowie emotionalen Populär-Yogalehren versetzt. Der rationale Computer wird uns keine Antwort geben können, was das Geheimnis alles dessen betrifft, was nach dem Tod stattfindet. Der Verstand empfängt niemals irgendwelche Daten aus dem Reich jenseits des Sinnesvorhanges. Und da das Instrument selbst beim Tode aufgelöst wird, woher sollte der rationale Verstand dann seine Information bekommen?

Für eine normale, intelligente Person ist es viel schwieriger, ein Wissen über den Zustand nach dem Tod zu erlangen, als es für einen Autodidakten ist, ein Multimillionär zu werden. Wir können Geld machen, indem wir unser konventionelles Verstandessystem einsetzen, aber metarationale Erfahrungen bedürfen einer sehr feinen Einstimmung ganz besonderer Gehirnschaltkreise. Diese Schaltkreise stehen uns nach dem Evolutionsprogramm unserer lieben Mutter Natur normalerweise nicht zu. Wir müssen einen Quantensprung von mindestens 200 Jahren machen, der uns nach jenseits unserer Spezies, des Homo sapiens, führt. Da ich diesen Sprung mit anderen zusammen gemacht habe, will ich Ihnen meine Resultate vermitteln. Doch zunächst einmal wollen wir uns das Instrumentarium anschauen.

Wir alle leben in einer wunderschönen bionischen Maschine. Die Ärzte wissen theoretisch, wie sie funktionieren ›sollte‹, und normalerweise versuchen sie ihr Bestes, um sie in diesem Zustand zu erhalten oder das, was repariert werden kann, zu reparieren. Wenn der Mechanismus allerdings durch lange Benutzung oder Unfall irreparabel wird, funktioniert er nicht mehr.

Die physischen Aspekte des Todes (Schmerzen, Agonie, Starre) sind nur für die Zuschauer gedacht, deren Leiden in einem genau umgekehrten Verhältnis zu ihrem Mangel an spiritueller Vorbereitung steht. Wir wissen aus Erfahrung, daß unser Gehirn seine Schärfe verliert, sobald wir schläfrig werden. Und wenn wir in den Schlafzustand übergehen, so schließt die Veränderung des Blutkreislaufes die Kanäle unserer fünf Sinnesorgane ab, und wir verlieren das Bewußtsein. Das geschieht auch, wenn wir zuviel Schmerz empfinden. Es ist ein Ausweichschalter, ein konditionierter Automatismus oder Reflex. Deshalb sind all die Verzerrungen, das Keuchen und Stöhnen, das beim Verlust des Bewußtseins eintritt, nur ein erschreckendes Schauspiel für den Zuschauer, der sich ganz natürlich mit der sterbenden Person identifiziert, die in Wirklichkeit weit jenseits des Schmerzes ist. Wenn wir unsere Geliebten beim Tod beobachten, so erfahren wir quälende Angst und Verzweiflung, fast bricht uns das Herz. Aber das alles findet nur auf dieser Seite des Sinnesvorhanges statt. Die Kontinuität dieses Vorganges liegt hinter den fünf Sinnen und ist viel weniger dramatisch. Da wir Zuschauer nichts wahrnehmen können, was jenseits dieser fünf Sinne liegt, so kann eine oder mehrere Erfahrungen am Sterbebett unseren Willen, zu leben, wieder zu lieben und in unserer weltlichen Gesellschaft zu funktionieren, durchaus zerstören. Und das ist auch durchaus berechtigt, denn wenn man ein geliebtes Kind oder einen Gefährten verloren hat, so erscheint es, daß es wirklich nur noch sehr wenige Dinge gibt, die einer ständigen Anstrengung würdig sind.

Ich versuche nicht, unsere menschlichen Sorgen und Nöte (die wir so oft mit unseren armen, liebevollen Haustieren teilen) herabzusetzen. Wirklich, ich behaupte nicht, daß ich das Wissen, das ich vielleicht habe, durch irgendeine göttliche Gnade erlangt habe, auch nicht, daß ich irgendein *Bodhisattva* bin, der in einer goldenen Wolke auf diesen Planeten herabgeschwebt ist, um die Menschheit zu retten. Nein, meine Freunde, ich komme aus dem menschlichen Lager, und ich bin durch Tränen und Leiden gereift, zusammen mit vielen anderen, die ebenso geweint und gelitten haben. Das ist der Grund für meinen Kampf um Freiheit vom menschlichen Existenzzustand, und mein Ziel im Leben besteht darin, all die zu befreien, die bereit sind, mit dem Instrumentarium der Befreiung zu experimentieren. Ich behaupte auch keineswegs, daß ich dieses Instrumentarium erst erfunden habe. Vielmehr habe ich es von höchst reifen Wesen erhalten, die mich für würdig befanden, es zu empfangen, um damit anderen zu dienen. Denn ich hatte, wie es in esoterischen Schriften oft heißt »meine Füße mit dem Blut meines Herzens gewaschen«, bevor ich diesen Weg beschritten habe.

Die durchgängige Unvorhersagbarkeit des menschlichen Dramas führte mich zu den Erfahrungen, durch die man schließlich und endlich den Tod verstehen kann. Aber genauso, wie die modernen Quantenphysiker auf ihrer Suche nach den Bestandteilen der ›Materie‹ mitten hindurch gefallen sind und sich plötzlich im Leeren wiedergefunden haben, so führte mich meine Suche nach der Wirklichkeit des Todes durch das Labyrinth der Illusion. Auf den Schrei »Es gibt keine Materie!« antwortet das Echo: »Es gibt keinen Tod!« Und ich möchte Sie einladen, auf den nächsten Seiten diese Thematik nach und nach durchzugehen. Wenn Sie zu denen gehören, die bereit sind, so werde ich Ihnen die Schlüssel zu den anderen Dimensionen in die Hand geben.

Wissenschaft und Tod

Zuerst wollen wir einmal auf die Karte blicken. Bis zum 16. Jahrhundert wurden alle diese Fragen, die sich auf Seele, Tod und deren Folgen beziehen, durch die Autorität der Kirche beantwortet. Und diese Antworten trösteten die Menschen, denen sie gegeben wurden, und hielten Unglück und Verzagtheit mehr oder weniger fern. Deshalb hielt man sie für politisch akzeptabel. Aber einige wenige waren pragmatisch orientiert. Für sie genügten diese Erklärungen ganz einfach nicht. So machten sie sich auf eine neue (zumindest für den Westen) philosophische Suche. Sie begann mit dem, was für sie offensichtlich war: den fünf Sinnen. Deshalb wurde diese Bewegung als ›Sensualismus‹ bezeichnet. Vom Sensualismus über den Pragmatismus zum Materialismus wurde das Ganze zu einem Lebensstil, zu einer Anschauung der greifbaren vor uns liegenden Welt, es wurde zur ›Weltanschauung‹. Diese Art, die Welt zu betrachten, war nützlich, um rationale Kraft zu entwickeln, und so landeten wir schließlich bei unserer mechanistischen, materialistischen Sicht der Welt.

Das alles funktionierte recht gut. Es förderte den Kolonialismus, förderte Kriegsgewinne und Industrie und ließ die Geschichte im Rhythmus der Kolben und Wellen weiterrollen, bis Albert Einstein schließlich die Suppe mit seiner Relativitätstheorie versalzte.

Und seit dieser Zeit galt die materialistische Weltanschauung dann eher als negative Erfahrung. Sie sehen also, daß die Relativitätstheorie unsere behaglichen, statischen Begriffe von Raum und Zeit durcheinanderwirbelt. Plötzlich werden Objekte, die sich schnell bewegen, kürzer! Man reitet einfach auf ihnen (wenn man kann!) und altert dann nicht mehr! Der Raum (der doch eigentlich so wundervoll blau ist) ist gekrümmt, und wenn Sie sich mit Lichtgeschwindigkeit vorwärts bewegen können (können!), so werden Sie vielleicht mit Kleopatra im Bett liegen. Als der Kosmos zitterte und bebte, suchten die Verteidiger der Alten Welt Zuflucht in ihren Pfründen, den Universitäten... Aber die Furien des Fortschrittes waren freigesetzt worden. Selbst Albert, der mit den Antennen seines Genies noch härtere Zeiten herannahen sah, rief aus: »Nein, es muß eine Lösung geben. Gott kann mit dem Universum nicht Würfel gespielt haben.« Dann starb er, und wir müssen hoffen, daß er seine Synthese jenseits der Tafel gefunden hat. Aber seine Kollegen saßen in der Patsche. Durch die Explosion der Quantenphysik ist die Welt der Materie heute in Vergessenheit entschwunden.

Aber keine von diesen revolutionären Theorien wird vor Ablauf eines guten Jahrhunderts in das Bewußtsein der normalen Menschen eintreten. Irgendwann werden dann ihre Kinder, die mit Computern lernen und mit elektronischen Geräten aller Art umgehen, die entsprechenden Gehirnschaltkreise entwickeln und dann nach und nach verstehen.

Und trotzdem wird es wahrscheinlich nur auf der rationalen Ebene übersetzt und vermittelt werden. Genauso wie in den vergangenen drei Jahrhunderten die Vorstellung eines Gegensatzes von Materie und Geist ganz *selbstverständlich* war, werden die zukünftigen Generationen dem ausgetretenen Pfad der Gewohnheit folgen, bevor sie transzendentales Verständnis erreichen... und das, obwohl sie bereits mit

Kräften umgehen, die selbst durch die sensibelsten Detektoren nicht mehr gemessen werden können.

Ein gutes Beispiel dafür sind die Ausstrahlungen von Kristallen. Wir haben ganz klare Beweise: Algen verschwinden aus einem Swimming-pool, wenn ein Kristall vorhanden ist. Dieser Kristall wirkt viel schneller als Chlor und ist auch für die Augen viel gesünder. Aber da die Ursache nicht logisch mit der Wirkung verbunden werden kann, ist der rationale Computer hilflos und rennt in Kreisen wie ein Hund, der nach seinem Schwanz jagt. Ein Kristall gibt keinen chemischen Stoff ab, von dem wir eine Reaktion ableiten könnten. Er strömt lediglich ein für die Wahrnehmung unzugängliches Kraftfeld aus, das mit wissenschaftlichen Methoden noch immer nicht festgestellt werden kann. Da dieser Vorgang also unerklärlich ist, wendet der Verstand den guten alten Aphorismus an: »...daß nicht sein kann, was nicht sein darf!« Und schon sind alle zufrieden.

Aber wie üblich ist dies ein Fall, auf den man den Sufi-Spruch anwenden könnte: »Die Hunde bellen, aber unsere Karawane zieht weiter.«

Unter diesen alten Parametern wurde das Phänomen des Todes bis jetzt beurteilt, und so ist es noch immer. Es ist eine ganz hervorragende Basis der Beurteilung für einen gerichtlichen Leichenbeschauer oder einen Leichenbestatter, aber sie sehen nur den Leichnam, der behandelt oder gemessen werden muß, nicht aber das Ganze. Die holistische Sichtweise ist jenseits ihres Bereiches.

Nun wollen wir den Tod also wissenschaftlich betrachten. Nicht in der Newtonschen Art und Weise, sondern im Sinne der Hochenergiephysik.

Die guten alten Materialisten mit ihren großen Schnurrbärten haben dem physischen Körper Priorität verliehen, denn dieser physische Körper galt ja als die eigentliche Realität, was real war, war physisch. Nicht aber Gefühle, eine unterstellte Seele oder bloße Gedanken. Dies alles verspotteten sie als unsinnigen Aberglauben, als Argumente für Priester oder sentimentale alte Jungfern. Praktische, wissenschaftlich eingestellte Menschen dagegen hielten sich an materielle Tatsachen.

Aber bitte folgen Sie mir weiter: Als ich ein kleiner Junge war, liebte ich meinen Vater ebenso sehr wie heute, obwohl er vor fünfzig Jahren gestorben ist. Meine Gefühle werden ohne Unterlaß durch die Erinnerungen, meine Reife durch den Alterungsprozeß erneuert (ich bin jetzt 81). In meiner Vorstellung hat sich sein Bild nicht verändert, und ich verstehe seine Eigenschaften jetzt besser. Aber was ist mit meinem physischen Körper geschehen... jenem Goldstandard der Realität für den pragmatischen Materialisten? Ojemine! Zuallererst ist nicht eine einzige Zelle des zehnjährigen Jungen in meinem Körper. Da unsere Zellen alle zehn Jahre voll und ganz erneuert werden, haben sich die meinen bereits achtmal verändert.

Wer ist es also, der noch immer den Papa so sehr liebt? Ich? Wer ist das? Glauben Sie mir, niemand, der mich im Alter von 10 Jahren kannte, könnte mich jemals jetzt im Alter von 81 wiedererkennen! Und schließlich kann mein physischer Körper nichts oder niemand lieben oder hassen. Er hat keine unmittelbaren Gefühle, sondern kann nur auf sie reagieren, sie jedoch nicht erzeugen... Das ist die Aufgabe der feinen Gefäße. Sie können sich all die unglücklichen Menschen anschauen, die seit ihrer Geburt von psychischen Störungen heimgesucht werden. Oder einen ›Körper‹ im Koma... Worauf reagiert er?

Wer also liebt den Papa? Mein Gedächtnis? Meine Gefühle? Vorsicht! Nach materialistischen Standards ist dies alles nicht real, es ist abstrakt. Tatsache ist nur, daß der sogenannte reale Andrew, der den Papa liebt, im ganzen schon achtmal verschwunden ist. Und jedesmal, wenn es ihm gelang, sich wieder zusammenzupflücken, um seine Steuern zu bezahlen, hätte selbst der Papa ihn nicht wiedererkannt. Wir wollen einmal betrachten, worum es hier geht. Wir haben eine physische ›Realität‹. Aber wie wir im letzten Kapitel gesehen haben, *muß* das, was für uns ›real‹ ist, eine Kontinuität besitzen, sonst verliert es die Merkmale der Realität. Und diese physische ›Realität‹ hat die Rollen gewechselt! Das ›Immaterielle‹ (nämlich die Liebe zum Papa) hält achtzig Jahre lang ohne Unterlaß an, das ›Materielle‹ (der Körper) wird jedoch so flüssig wie ein rauschender Bach... dessen Wasser niemals dasselbe ist, der aber dennoch bequemlichkeitshalber als ein und derselbe Bach bezeichnet wird.

Wenn Sie einmal ernsthaft über diesen physischen Körper nachdenken, so gibt es keinen Grund, über seine Verformbarkeit erstaunt zu sein, denn er besteht ja aus veränderlichen Energiefeldern. Aber unsere Vorväter waren sicher, daß der Körper Materie ist... Sie wußten ja nicht, daß Materie eine Wolke vibrierender Energie und weiter nichts ist, und deshalb blieben sie bei ihrem Begriff von Materie. Und sie leiteten jedes Argument von diesem Glauben ab. Wenn eine Voraussetzung falsch ist, so werden auch die Ableitungen von dieser Voraussetzung üblicherweise falsch sein, und die Ableitungen aus diesem Begriff der Materie haben in den letzten 2000 Jahren einen Ozean von Tränen und Schmerz erzeugt.

Ich muß wiederholen: Wir bestehen aus Energie, und wir schwingen in einem Kosmos von Energiefeldern. Wenn wir nur einen Augenblick lang unsere Größe auf die eines Atomes reduzieren könnten, so würde unser Körper (der jetzt für uns auf unserer menschlichen Skala ›Materie‹ ist) als ungeheuer viele Milchstraßen erscheinen! Jedes Atom – und vergessen Sie nicht, daß ein Atom einfach nur eine vibrierende Frequenz ist – ist von seinem nächsten Nachbarn durch riesige Entfernungen ähnlich wie in unseren Planetensystemen getrennt. Und was wäre zwischen ihnen? Nichts außer der Leere.

Wir sollten also nicht gar zu überrascht darüber sein, daß wir uns so sehr verändern. Der Körper, der im Mutterbauch durch ein Verlangen nach Manifestation gebildet wurde, folgt der psychosomatischen Matrix der Spezies. Und wenn er vollständig gebildet ist, so wird er bei der Geburt aus dem Körper der Mutter ausgetrieben. Dann wächst und altert er, und nachdem er ein dreiviertel Jahrhundert lang die zerstörerischen Effekte negativer Emotionen ertragen hat, ist er durch den ständigen Austausch der Zellen zwangsläufig verändert und wird zu guter Letzt kaum mehr erkennbar sein. Kurz gesagt, wenn das Baby zu einem alten 75jährigen Mann wird, so sieht er weiß Gott wie aus!

Der Tod und die Seele

Ein so vergängliches und flüssiges Element können wir nun nicht mehr als den Gradmesser der Realität beanspruchen. Wir müssen uns nach einem anderen umsehen.

Und welcher Standard wird das sein? Obwohl wir Menschen in einem beständigen Überall-Jetzt leben, ist das für unsere Sinne nicht offensichtlich, deshalb auch nicht für den Verstand. Die Unvorhersagbarkeit des Lebens spiegelt sich in unserem Charakter wider. Aufgrund dieser eingeborenen Angst vor dem Unbekannten suchen wir ohne Unterlaß nach Realität, nach Sicherheit, nach irgend etwas, an das wir uns klammern können. Und viele von uns unterwerfen unsere Freiheit nur zu gerne der Sklaverei der Arbeitswelt, von militärischen Abzeichen oder irgendwelchen göttlichen Gesetzen, um ein wenig festen Grund unter unseren taumelnden Füßen zu spüren.

Ich sagte eben, daß wir versuchen müssen, irgend etwas Festeres zu erreichen, fester als ein organisiertes Feld magnetischer Kräfte, das nur auf unserer Ebene der Wahrnehmung fest zu sein scheint, welches sich jedoch in Wirklichkeit unablässig verändert und zur Auflösung verdammt ist. Das ist nun ganz klar, Materie haben wir für immer verloren. Und wenn wir uns nun an *Kontinuität* als unsere einzige Realität halten, so müssen wir uns an das einzige Element anlehnen, das wir jeden Tag neu erfahren, und das ist der elektromagnetische Komplex, bzw. das Fahrzeug der Emotionen und Sehnsüchte: unser astraler Körper, oder die Seele.

Wir haben gesehen, daß dieses Element die Möglichkeit einer Kontinuität in sich enthält. Unsere Leidenschaften – politisch, patriotisch oder wissenschaftlich beispielsweise – können ein ganzes Leben lang andauern und sogar ansteckend und erblich sein.

Aber auch hier finden wir ein Problem der Kontinuität. Angenommen, ich bin bis über die Ohren in Mary verliebt. Wenn ich an Mary denke, werde ich dieses innere Leuchten verspüren, welches aus der Wärme geteilter Liebe entspringt. Was aber geschieht, wenn sich mein Bewußtsein in einer streßbeladenen Situation nun plötzlich damit beschäftigen muß, daß ein plötzlich entstandenes Problem dringend erfordert, gelöst zu werden... beispielsweise eine Autokarambolage auf der Autobahn? Während dieser halben Stunde hat Mary für mich ganz einfach aufgehört zu existieren! Wie ein Spotlight hat meine Aufmerksamkeit ihren Strahl eine Zeitlang verschoben.

»Oh nein«, können wir sagen, »das bedeutet aber nicht, daß ich plötzlich aufgehört habe, Mary zu lieben. Sie ist in meinem Erinnerungsspeicher. Sobald das Problem gelöst ist, wird sie sicherlich der erste Gedanke sein, der mir zu Bewußtsein kommt.«

An diesem Punkt geht es uns nicht um das Thema von Gefühl oder Moral, sondern um das Thema von Leben und Tod. Wir sind doch dabei, ein Element zu finden, das unserem alten Begriff von Realität entsprechen könnte, irgend etwas wie unsere Vorstellung von einem physischen Körper, der in seiner gegebenen Form das ganze Leben lang anhält, was sich bezogen auf diesen physischen Körper als Illusion herausgestellt hat.

Nun erkennen wir, daß das noch feinere Fahrzeug, das wir als astral oder seelisch bezeichnen können, mit dem wir gehofft hatten, die materielle Realität ersetzen zu können, ebenso viele Löcher hat wie ein Stück Schweizer Käse! Im Augenblick meines Unfalles hatte ich vielleicht das Bild von Mary, die zu Hause auf mich wartete, dann wandte ich mich der Unfallszene zu, in die ich verwickelt war. Inzwischen aber könnte sich Mary durchaus über den Balkon gelehnt haben, um nach mir Ausschau zu halten, und dabei über das Geländer nach unten gefallen sein... mit tödlicher Folge. Was dann?

Vorsicht, Vorsicht! Fallen Sie nicht wieder auf die materialistische Ebene des Denkens zurück. Marys Körper war nicht ihre Totalität, und die *Kontinuität* von Mary besteht aus den gleichen Elementen, auf deren Schwingungen unsere Liebe und Harmonie immer eingestimmt war. Aber wenn ich als Durchschnittsmensch unvorbereitet mit einem solchen Ereignis konfrontiert werde, habe ich alles verloren, wenn ich Marys Körper verloren habe.

Unsere Erwartung der Realität kann nur bestätigt werden, wenn wir einer Linie von Kontinuität folgen, die sich durch ein holistisches Universum zieht. Wir verlieren den Faden der Kontinuität, wenn wir Ebenen nicht in *voller Aufmerksamkeit* wechseln können. Durch die Wirkung des Schmerzes bleiben wir in einer bestimmten Dimension stekken. Wir vergessen, daß dann, wenn wir uns auf eine relative

Realität, sagen wir unsere dreidimensionale Welt, fixieren, eine andere Welt zur Abstraktion wird. Und umgekehrt wird natürlich auch unsere dreidimensionale Welt zu einer Abstraktion, sobald wir unser Bewußtsein auf die astrale Welt fokussieren.

Kontinuität ist auf subtilen Ebenen leichter, da die subtilen Körper weniger strapaziert werden. Die Tatsache, daß die materielle Welt relativ ist, bedeutet nicht, daß es kein permanentes Leben gibt. Aber wie gesagt, uns fehlt eine bestimmte Beweglichkeit bei der Neueinstellung unserer Aufmerksamkeit. Und das führt uns wieder zur Wurzel unserer Frage zurück: zur bewußten Aufmerksamkeit, dem Schlüssel aller Kräfte, die wir aus Mangel an innerem Schweigen noch nicht verwirklicht haben, zur bewußten Wahrnehmung, der Tür zu anderen Welten.

Sobald wir verstehen, daß unser Körper das Fahrzeug und nicht der Fahrer ist, verliert der Tod sein Geheimnis und wird zu einem Gebiet höchst interessanter Erfahrungen, die wir durch die richtigen Methoden erlangen können. Da die verbleibenden Fahrzeuge nicht abgenutzt werden, finden wir uns selbst in einer Kontinuität ohne Angst wieder, wir verlieren die Angst, daß die Zeit vergeht, daß die Zeit nicht ausreicht. Dieses heiter-erhabene Gefühl von Kontinuität spiegelt sich in unseren tagtäglichen Aktivitäten wider und erzeugt auch die idealen Voraussetzungen für eine gesunde und aktive Langlebigkeit, die für das Familienleben so wichtig ist. Die hektische Suche nach Sicherheit macht einem starken Gefühl von Stabilität Platz. Indem wir in unser inneres Schweigen eintreten, beginnen wir die Stimme der Mutter Erde, die Stabilität selbst zu hören! Sie durchzieht alle unsere konkreten täglichen Entscheidungen und beginnt, zunehmende Kraft zu erzeugen, ein zunehmendes Gefühl der Unverletzlichkeit, einer Sicherheit, daß unsere Bemühungen die richtigen Früchte tragen werden.

Schlaf und Tod

In der griechischen Mythologie erscheinen Schlaf und Tod als Zwillinge. Wie Sie jetzt erkennen können, war diese symbolische Assoziation sehr passend. Der Verlust des physischen Fahrzeuges, den wir als Tod bezeichnen, ist die Abkoppelung all der Lebenselemente wie Gefühle, Gedanken, usw., die ›wir‹ sind von diesem Fahrzeug, eine Abkoppelung, die dem Schlaf recht ähnlich ist.

Wir wollen ein Beispiel betrachten. Wir können uns der Liebe unseres Partners am Montag sicher sein. Und wir können annehmen, daß sich daran auch am Dienstag nichts ändert, usw. Aber wenn wir die von uns geliebte Person fragen, wenn sie tief schläft: »Liebling, liebst du mich?«, was für eine Antwort erhalten wir dann? Schweigen, vielleicht ein Schnarchen. Warum? Weil die geliebte Person anderswo ist. Sie hat ihr ›Ich bin‹ auf eine andere Ebene oder Welt verlagert, und wer weiß, ob sie nicht auf dieser anderen Ebene eine leidenschaftliche Liebesbeziehung mit jemand anders hat? »Ah«, werden Sie jetzt vielleicht sagen, »das ist ja nur ein Traum.«

Wirklich? Unsere Aufmerksamkeit auf der einen Ebene löscht die andere. Unsere bewußte Aufmerksamkeit der einen Ebene ist auf der nächstfolgenden Ebene nicht garantiert. Unsere Geliebte ist nicht verantwortlich, denn in diesem Augenblick hat sie höchstwahrscheinlich keine Erinnerung an das Bett, in dem sie liegt, oder an Sie!

Sie sehen also, daß der Schlaf eine hervorragende Nachahmung des Todes ist. Der typische Prozeß liegt unverhüllt vor unseren Augen! Von einem Bewußtsein zu einem anderen, von einem Tag zu einem anderen, von einem Leben zu einem anderen... Keine Erinnerung.

Natürlich ist der Tod für die meisten Menschen, die in den Disziplinen, über die wir sprachen, weder informiert noch geübt sind, das endgültige Aus. Der physische Körper, mit dem sie sich voll und ganz identifizieren, beginnt sich auf einmal aufzulösen, sobald er seiner vitalen Elemente beraubt ist, und gibt ein jedes chemisches Element, aus dem er bestanden hat, der kosmischen Quelle zurück. Diese Vorstellung ist im allgemeinen erschreckend, abstoßend und kann als Grund für die Angst vor dem Leichnam gelten. Aber dies alles findet, wie gesagt, auf unserer Seite des Dramas, der Sinneserfahrung, statt.

Was die übrige Aktivität anbelangt, die auf feineren Ebenen stattfindet (die Erweiterung des Bewußtseins der sogenannten toten Personen in andere Erfahrungsbereiche), so hat dies nichts mit dem Drama der dreidimensionalen Welt zu tun, die im Augenblick des Todes für einen gewissen Zeitraum verschwindet.

Bei manchen Menschen, die sich voll und ganz mit dem Körper identifiziert haben, gibt es eine Ausnahme. Personen, die in einer materialistischen Familie erzogen wurden (ausgewählt natürlich durch die Affinität zu ihren pränatalen Tendenzen) sind sosehr davon überzeugt, daß sie ihre physische Entität *sind*, daß sie sich nicht so leicht von dem Leichnam trennen können, den sie für die einzige Existenzmöglichkeit halten. Diese unglückseligen Wesen versuchen oft, in diese physische Form wieder einzutreten und machen natürlich schreckliche Erfahrungen. Die Personen aber, die sie geliebt haben und vor ihnen in die astrale Welt eingetreten sind, versuchen, ihnen zu helfen.

Ich habe so etwas sogar selbst schon einmal getan: 3 Jahre nach dem Tod meines Vaters, für den ich unbegrenzte Liebe und Bewunderung empfand, gelang es mir, in die mittleren astralen Ebenen einzutreten und ihn dort aufzufinden. Aber ich konnte ihm niemals das Bewußtsein vermitteln, daß er ›gestorben‹ war. Diese Vorstellung ist in der astralen Welt vollkommen sinnentleert, da diese ganze

Ebene von Aktivität durchpulst ist, und das Wort ›Tod‹ nicht in einem anderen Bewußtseinszustand übersetzt werden kann. Denken Sie daran, daß ein Begriff wie etwa Tod in dieser materiellen Welt Emotionen und einen Bewußtseinszustand erzeugt. Genau das Gegenteil geschieht in der astralen Welt... Jeder fühlt sich dort ganz offensichtlich lebendig, Tod wird nicht verstanden.

Karma und Tod

Eines machen sich die meisten Menschen niemals wirklich klar: Aus demselben Grund, aus dem es keine zwei identischen Leben gibt, gibt es auch keine zwei identischen Tode oder Nachtoderfahrungen. Der Tod ist kein Phänomen, das vom Leben getrennt ist, sondern vielmehr die Verlängerung des Lebens unter anderen Umständen: Genau wie unser Leben, unsere Handlungsfähigkeit und unsere Interessen im Alter von 2 Jahren ganz anders als unsere heutigen Interessen sind. Für eine Person, die uns zum letzten Mal im Alter von 2 Jahren gesehen hat und uns nun im Alter von 40 Jahren wiedertrifft, könnten wir genausogut gestorben sein und uns neu reinkarniert haben. Was mit uns zwischen 2 und 40 geschehen ist, dazu hat diese Person keinen Zugang, während für uns unser Leben ohne Unterbrechung angedauert hat.

Deshalb muß die Frage nach der Nachtoderfahrung immer mit einer individuellen Erfahrung beantwortet werden, sie kann nie verallgemeinert werden.

Aber unser Bewußtsein, unsere Gene und Chromosomen sind sosehr von dem Vergeltungssyndrom getränkt, und normalerweise sind wir so hungrig nach Gerechtigkeit, daß der bloße Gedanke daran, daß jemand für seine vergangenen Verbrechen oder Grausamkeiten nicht bestraft wird, wenn er sich einmal auf der ›anderen Seite‹ befindet, unsere Emotionen in Aufruhr versetzt. Wir können uns mehr und mehr davon überzeugen, daß es nirgendwo irgendeine Gerechtigkeit gibt. Und dennoch haben wir Menschen ein ungeheures Verlangen nach einer gerechten Gottheit, nach Gerichten, Höllen und Paradiesen. Hier also treffen wir auf das Gesetz des Karma, das aus dem Osten kommt.

Die meisten von uns, die in der jüdisch-christlichen Tradition erzogen wurden, sind der Meinung, daß es ›Sünden‹ gibt, Handlungen, die gegen das moralische Gesetz einer bestimmten Religion sind. Gut. Wenn es Sünde gibt, gibt es auch ein Gesetz, das gebrochen wurde. Deshalb haben wir eine Gottheit, die Gesetze erläßt, Handlungen und Sünden auswertet, so daß wir zwangsläufig Vergeltung haben. Im Osten aber existiert die Vorstellung von Sünde nicht. Der östlichen Vorstellung nach ist die Gottheit sosehr mit umfassenden kosmischen Angelegenheiten beschäftigt, daß sie das Gesetz des Karma erschaffen mußte, um weltliche Gerechtigkeit zu garantieren.

Karma ist Aktion und Reaktion, ein natürliches irdisches Phänomen. Es ist auch das Gesetz von *Ursache und Wirkung*. Also keine Sünde. Anstelle der Sünde geht es vielmehr um das Eingestehen technischer Irrtümer, die Folgen nach sich ziehen, gute oder schlechte Folgen. Wenn Sie also einen Fehler begehen… so müssen Sie zahlen! So einfach ist es. Aber der Zeitpunkt der Zahlung hängt von den Umständen ab.

Hier kommt die Vorstellung der Reinkarnation ins Spiel, die ihrerseits ein anderes Problem impliziert, das Esoteriker nicht gerne erwähnen: Mangel an Erinnerung, über den wir früher schon gesprochen haben.

Karma ist ein geachtetes Gesetz, vor dem sich im Laufe der Zeitalter Tausende von Millionen Menschen verbeugt haben, und die Menschen des Westens greifen gierig danach. Aber wenn Sie mit einem forschenden Verstand begabt sind, so werden Sie bald sehen, daß wir ganz schön in der Bredouille sitzen: Denn die Kategorie der Ursache, die im allgemeinen als Kausalität bezeichnet wird, und die für die Vorstellung von Karma wesentlich ist, wurde gerade erst geerntet und im Meer der Quantenphysik versenkt.

Diese Disziplinen werden Ihnen weiter auch zeigen können, daß es keine definierbaren letztlichen Ursachen gibt. Im allgemeinen geht man von einer offensichtlichen ersten Ursache aus, auf die dann zweite Ursachen sowie begleitende Voraussetzungen folgen, usw., bis wir schließlich bei Adam und Eva landen, die sich mit der Schlange herumstreiten.

Mit anderen Worten, wenn Adolf zu einem bösen Jungen wurde, so lag das daran, daß Herr und Frau Hitler Gene und Chromosomen von ihren Papas und Mamas ererbt hatten, in denen ein gewisses Element von Furor Teutonicus vorhanden war.

Deshalb waren Adolfs Handlungen schon im vorhinein dazu bestimmt, in der einen oder anderen Weise abzuweichen, höchstwahrscheinlich auf die falsche Weise, und leider ›konnte er nicht anders‹.

Wo sollen wir also die Ursache für die Handlungen Adolf Hitlers ansetzen? Ich möchte damit nicht sagen, daß alles seinen richtigen Lauf genommen hat… Ich will nur andeuten, daß Adolf ein ganz schöner Schlag für das Gesetz des Karma war. Auf diese Weise könnten wir durchaus bei gewissen Glaubensvorstellungen landen, die uns sagen wollen, daß die Frau schlechthin ›böse‹ ist, weil Eva das Geschenk eines Apfels von einer Schlangendissidentin angenommen hat. Finden Sie nicht, daß man auf diese Weise die Schuldfähigkeit ein bißchen zu weit ausdehnt? Sie sehen, wenn wir die Verantwortlichkeit eines Verbrechers nicht definieren können, wie können wir dann die Strafe definieren?

Inzwischen ist es Ihnen vielleicht klarer geworden, warum ich von Philosophen im allgemeinen mit sanfter Kritik spreche. Was auch immer wir mit unserem Verstand zusammenbrauen, ist so drastisch durch die Grenzen des Instrumentes selbst bestimmt, daß es eigentlich keinen Grund geben kann, ›darüber und darum‹ zu diskutieren, wie Omar Chayyam es nannte, da es nur sowenig mit kosmischer Wirklichkeit zu tun hat. Wir werfen das Netz von Zeit, Raum, Ursache und Wirkung auf das, was wir wahrnehmen, wir fischen uns etwas heraus, setzen es dann entsprechend den obengenannten Parametern zusammen, und – Abrakadabra – schon haben wir eine Kosmologie! Deshalb antwortete der Buddha, wenn ihm gewisse, tiefschürfende metaphysische Fragen gestellt wurden, immer nur mit seinem berühmten ›Edlen Schweigen‹... das einen im übrigen sicherlich ganz schön wahnsinnig machen konnte. Warum antworten? Es war doch alles ›zwischen den Ohren‹ des Fragenden!

Was also ist die Lösung? Es gibt einen alten italienischen Spruch: »Wer etwas braucht, muß sich auf die Beine machen, wer nichts braucht, kann selbst eine Botschaft aussenden.«

Mit anderen Worten: Wir sollten es besser selbst tun. Und hier sind wir bereits bei unserer grundlegenden Lektion: Inneres Schweigens, die Tür durch das ›weiße Loch‹ in unsere anderen Dimensionen.

Nachdem wir einmal die Phänomenologie des Schlafes verstanden haben und wissen, was sie für uns bedeutet... nämlich eine Theaterprobe des Sterbens, allerdings ohne äußere dramatische Wirkungen, so werden wir uns in dieser Erfahrung des Sterbens mehr zu Hause fühlen, wenn wir durch das Tor des inneren Schweigens gegangen sind und das praktiziert haben, was wir als ›Reise in die Dimensionen‹

bezeichnen könnten (selbst wenn es das erste Mal nur ein kurzer Ausflug über die Grenze und zurück war).

Ich hoffe, Sie haben verstanden, daß Leben und Tod eine Kontinuität mit Kleiderwechsel ist. Wir ziehen unseren alten rosafarbenen Anorak aus und begeben uns nur mit einer dünnen ›Schwimmhaut‹ bekleidet, in andere Frequenzen. Wenn Sie die Methoden beherrschen, so können Sie sogar Ihren Geliebten, die das Ende der Reise erreicht haben, folgen und eintauchen. Am Anfang werden Sie nur in einen partiellen Kontakt mit ihrer Dimension treten können, da die Aktivität Ihres eigenen Körpers noch immer sehr fordernd ist... die Aufmerksamkeit des autonomen Nervensystems, des Verdauungs- und Wärmesystems sowie die Energie, die alles in Schwung hält. Deshalb sollten Sie während Ihrer Erfahrungen immer im Auge behalten: Sie werden sich schlaff, verlangsamt fühlen, so als ob Sie auf einem Fahrrad fahren, das einen schweren Anhänger zieht.

Aber wenn Sie Ihren Anorak einmal ausgezogen haben, so werden Sie mit einem Male wegfliegen, und alles auf Ihrer Ebene wird hell, klar und gewichtlos. Als erstes müssen wir erkennen, daß wir ganz ähnlich wie in unserer dreidimensionalen Welt durch Affinität funktionieren. Aber unser astrales Fahrzeug ist viel feiner als unser physisches, und all die Dinge, die es während des irdischen ›Lebens‹ aufgebaut und gebildet haben, können dieses astrale Fahrzeug in sehr langsame Schwingungen herabziehen. Licht ist die höchste Frequenz, also gibt es auf einer niedrigen Schwingungsebene wenig oder gar kein Licht... es ist so ähnlich wie in den Tiefen des Ozeans.

Besser gesagt: Menschen, die sich mit Gemeinheit, Egozentrik, Haß und Gier beladen, schwingen sehr langsam und gehören zu der Art von Menschen, die man nicht gerade als Freunde haben möchte. Mit anderen Worten: Sie ›bestehen‹ aus Dunkelheit. Das bedeutet auch, daß die Energie des

Kosmos, deren Geschwindigkeit von der schnellsten Frequenz (dem Licht) zur langsamsten Frequenz (dem Mineral) reicht, eine Entsprechung zu dem Schwingungsbereich dieser Menschen, ihres astralen Fahrzeugs, ihrer Seele hat. Sie werden sich bei ihrem Tod entsprechend ihrem spezifischen Gewicht automatisch auf einen bestimmten Punkt in dieser Skala ›einstellen‹, und zwar sobald sie die Schale verlieren, die sie beschützt. Man muß es sich so vorstellen: Wenn man mit einem Schwimmanzug im Wasser schwimmt, so braucht man sich um die Wassertemperatur nicht zu bekümmern, da man vom Wasser isoliert ist. Aber wenn man diesen Schwimmanzug im Ozean ablegt, so wird man sich an die umgebende Temperatur anpassen müssen.

Wir suchen immer nach dem Licht von ›oben‹ und sehen vor uns Felsen und Steine hier ›unten‹... Und nun können wir darin bereits ohne weiteres all diese guten alten Symbole wiedererkennen, die die Religionen zur Illustration ihrer Lehren verwendet haben. Felsen und Mineralien gehören ganz allgemein zur niedrigeren astralen Ebene. Niedriger oder tiefer heißt auf Lateinisch *inferus,* daher kommt auch das Wort *Infernus,* und das bedeutet höllisch! Ist der Groschen gefallen?

Und für Sie, mein lieber zukünftiger Reisender heißt das, daß Sie entweder ins Licht hinausbersten, je nachdem, wieviel Ballast Sie abwerfen können, oder daß Sie in die Tiefen der kosmischen Frequenzen hinabsinken. Wenn Sie voller Liebe, Freude, Heiterkeit und innerem Schweigen sind, so gehören Ihnen die Sphärenharmonie, Licht und Seligkeit! Und wenn Sie irgendwelche Freunde haben, die ihre Schwimmanzüge zwar ausgezogen haben, gleichzeitig aber weiter an den schweren Gewichten von Haß, Rache und ähnlichem während ihres ganzen Lebens festgehalten haben, so werden Sie ihnen mit aller Sicherheit nicht folgen können und werden Sie auch nie wieder treffen.

Diese Aussage, die in manchen Fällen tragisch sein kann, bedarf einer Erklärung, und ich werde sie aus meiner eigenen Erfahrung heraus geben. Zu Beginn meiner inneren Übungen wußte mein Meister Tulio Castellani zwar bereits schon, daß ich letztlich der ›gute Junge‹ sein würde, den er in mir sah… aber zuerst schickte er mich in den Waschsalon. Ich möchte nicht allzuviel über mich sagen. Ich war ein gewalttätiger junger Mann und ich hatte gewalttätige frühere Leben hinter mir. Immer hatten mich militärische Mönchsgruppen im Laufe der Geschichte angezogen… die Tempelritter, später dann die Samurai in Japan. Und als Flottenkapitän spezialisierte ich mich während des Zweiten Weltkrieges in der Waffentechnik der Unterseebote, dann traf ich ihn. Ich machte trotzdem mit dem Militärdienst weiter und schloß mich nach Monte Cassino den Streitkräften der Vereinigten Staaten an. Ich war also nicht so lieb und freundlich, wie Sie vielleicht glauben würden.

Castellani unterwarf mich einem rigorosen Reinigungsprozeß. Da eine einzige Lebensspanne diese meine reizende Seele nicht weißwaschen hätte können, stand ich vor der Wahl: Ich konnte die Wirkungen, die ich durch meine Vergangenheit erzeugt hatte, entweder in endlosen Inkarnationen oder in diesem Leben mit Raten abzahlen. Ich wählte die zweite Möglichkeit. Jede Nacht wurde ich in Syntonie mit meinen vergangenen Handlungen in die mineralischen Ebenen ›herab‹gedrückt, um anderen zu dienen und zu verstehen, wie dumm ich gewesen war. Jeden Morgen wachte ich schwitzend und voller Schrecken auf. Aber schließlich nach acht vollen Jahren hatte ich alles ausgeschwitzt und litt nicht mehr. Ich möchte noch einmal über das grundlegende Konzept des ›Herabgehens‹ sprechen… der Verlangsamung unserer Frequenzen bis zur Angleichung an die mineralische Welt. Licht ist die ausstrahlende, *zentrifugale* Liebe. Es erzeugt die manifestierten Lebensformen, eine praktische Liebe, die sich auf allen Ebenen ausdehnt. Mangel an Liebe, negative Handlungen, Gleichgültigkeit gegenüber dem Leiden anderer Wesen dagegen ist *zentripetal.* Es konzentriert, kondensiert und ›materialisiert‹ deshalb mehr und mehr Agglomerationen an das ›Ich‹, richtet die Aufmerksamkeit auf das ›Mein‹ an das ›Für Mich‹.

Je mehr sich die eigene Energie auf einen zentralen Brennpunkt hin kondensiert, um so langsamer werden die Vibrationen, bis sie schließlich keine ähnliche Syntonie auf irgendeiner manifestierten ›Lebens‹-Ebene finden, wie etwa auf der Ebene der Tiere und Pflanzen. Sie kann nur noch mit der höchst langsamen mineralischen Welt zusammen vibrieren, zusammen schwingen, deren Dynamik wir nicht einmal mit unseren Sinnen wahrnehmen können. Kristalle leben und wachsen, wahrscheinlich etwa einen halben Millimeter in 200000 bis 300000 Jahren. Und vergessen Sie nicht, daß wir nicht einmal Pflanzen wachsen sehen können... Wir müssen dazu verschiedene, nacheinander abfolgende Fotografien verwenden.

Nehmen wir das Beispiel eines negativen, eigensüchtigen, gewalttätigen Mannes. Er bewohnt seinen menschlichen Organismus, lebt aber auch zum Teil in seinen beiden anderen Fahrzeugen, dem mentalen und dem astralen, die sich langsam verdichten.

Im Augenblick des Todes verlieren diese beiden Körper ihre Hülle, die sie für den Kontakt mit der dreidimensionalen Welt verwendet haben, und syntonisieren sich unmittelbar mit dem Medium, dessen Frequenz ihnen auch zuvor schon verwandt gewesen war, und von dem sie nun nicht mehr isoliert sind. Nur die mineralische Welt ist dicht genug, um die Frequenz anbieten zu können, die dieser Art von mental-astraler Entität entspricht. Da die Lichtfrequenzen genau das Gegenteil sind, nämlich die schnellsten Frequenzen, fühlt sich unser negativer Freund auf brutale Weise verlangsamt und in Dunkelheit geworfen. (Haben Sie jemals einen Alptraum gehabt, in dem Sie versucht haben zu entfliehen, aber nicht laufen konnten? Sie fühlten sich, als ob Sie sich durch tiefen Sand hindurchkämpfen müßten? Das ist es... Es ist Ihnen leider passiert, ein paar Ebenen tiefer zu fallen!)

Sein Bewußtsein ist noch immer vollkommen wach und übersetzt all die Bilder, die durch sein neues Schwingungsmedium erzeugt werden, in Gefühle. Denken Sie daran, als Embryo war er im Bauch seiner Mutter eine verdichtete Wiedergabe (das physische Gehirn) seines wirklichen (so gut wie ewigen) astralen Matrixgehirnes. Jetzt funktioniert er mit dem letzteren (wir verwenden hier den Ausdruck ›Gehirn‹, aber stellen Sie sich es als ein höchst umfassendes elektronisches Gerät vor, das in der Wellenlänge seiner individuellen Fähigkeit schwingt. Das astrale Gehirn hat vielleicht nicht die einschneidende Schärfe des physischen und folgt mit aller Sicherheit auch nicht dem Ursache/Wirkung/Zeit/Raum-System, das für unsere verdichtete irdische Erfahrung notwendig ist. Dennoch aber ist es nicht verwaschen, ebensowenig wie während eines Alptraumes, in dem sich alles fest und real anfühlt... selbst wenn es nicht logisch ist. Dieses astrale ›Gehirn‹ folgt einem Prozeß der Kohärenz, nicht aber formaler Logik. Geschehnisse sind für das Bewußtsein dieses Mannes kohärent, und zwar in ausreichendem Maße, um niemals bezweifelt zu werden, so daß er dadurch das intensive Gefühl von Wirklichkeit erzählt, das wir alle während unserer Alpträume schon einmal empfunden haben).

Die Welt der Höllenerfahrungen nach dem Tod besteht nicht aus den berühmten Flammen und Teufeln. Die Sehnsüchte und Wünsche sind die verzehrenden ›Flammen‹, und die ›Teufel‹ sind unsere unablässig quengelnden, unerfüllten Süchte. Aber wir können sie aufgrund unseres Aberglaubens in wirkliche Flammen und Teufel übersetzen. Die Frequenzen sind so ungeheuer langsam, daß sie jeden Gedanken, jede Aktion in der Geschwindigkeit drosseln. Allgemein gesprochen: Normale Menschen ›reinigen‹ sich (wie im Fegefeuer der Christen) oder ›schwitzen‹ diese Situationen aus, indem sie sich unglaublich anstrengen, um in einem so dichten Energiefeld irgend etwas zu bewegen... Es ist, als ob man im Pech schwimme!

Wenn also unvorbereitete Menschen nach dem Verlust ihres Körpers in diesen Zustand übergehen, so treten sie in eine gemeinsame Schwingung mit ihrer *eigenen* Frequenzebene ein, und das geschieht ganz automatisch. All die gewöhnlichen Anstrengungen und Mühen, die sie eingesetzt haben, um während ihres ›Lebens‹ zu überleben, werden durch dieses träge Medium vervielfältigt, gefesselt und herabgezogen. Dort entspricht jede Sekunde mehreren Jahren unserer dreidimensionalen Welt. Alles ist eine Million Mal weniger zugänglich, weniger erreichbar.

Es ist wie eine häßliche, kalte, nördliche, europäische Stadt mitten in der Nacht... Schrecklich deprimierend. Wohnen, Arbeiten, Umgang mit Freunden, alles das findet in der dunklen Atmosphäre eines ständigen Winters statt (Mangel an Licht), in Städten voller brutaler Aggression, gewaltsamer Unterdrückung durch verborgene Autoritäten, komplizierter und unsinniger Gesetze... Keine Liebe, keine Zärtlichkeit, keine Zuneigung, selbst Ihr eigener Hund haßt Sie und knurrt. Das ist wirklich die Hölle! Aber wie? Warum? All das durch Unwissenheit, denn alles das ist nur die *Übersetzung* von Zuständen langsamer Bewußtseinsschwingungen in *Bilder*, die durch das astrale Gehirn (die vorgeburtliche Matrix) erzeugt werden. Nichts von alledem existiert in Wirklichkeit irgendwo. Ein einziger Gedanke der Liebe, ein Augenblick der Ehrerbietung würde diese leidende Seele zum Licht hinaufschießen! Aber hat unser negativer Freund jemals Ehrerbietung gezeigt? War nicht sein ganzes Leben voll von Selbstsucht, Arroganz und Sarkasmus für diejenigen, die Moral und altruistische Werte verteidigt haben? Große Fische fressen kleine Fische! Das war sein Gesetz. Sei clever, nütze die Leichtgläubigkeit der Menschen aus, und hol dir, was du vom Leben kriegen kannst. Wenn das nun sein Glaube war, so kann er ihn natürlich nicht so einfach ablegen wie seine Schwimmweste.

»Wie lang«, fragen Sie vielleicht, »wird es dauern, bis er erlöst ist?«

Ich kann es nicht sagen. Aber ich kann Ihnen versichern, und zwar durch meine eigenen schmerzhaften Erfahrungen, daß Bewußtseinszustände hohe oder niedrige Frequenzen erzeugen, und die seinigen sind sehr niedrig, und so kann ich mir tatsächlich nicht vorstellen, daß unser negativer Freund mit einem Mal vor Liebe und Frieden nur so strahlt.

Nun gelten dieselben Gesetze der Syntonie auch für eine andere Person, sagen wir, eine Frau, deren Leben nicht aggressiv gewesen ist, die immer versucht hat, eine Hand auszustrecken, anstatt nach etwas zu greifen, oder es zynisch zurückzuhalten. Diese freundliche Person, die ohne Scheinheiligkeit einen gesunden Sinn für Humor angesichts unserer menschlichen Fehler und Irrtümer behalten hat, wird in eine Ebene heiterer Harmonie eintreten. Selbst wenn sie im letzten Augenblick noch ein Gefühl von Traurigkeit empfindet, Traurigkeit über die Menschen, die sie hinter sich läßt, so wird ihr Fortgang dennoch einer leisen Lichtexplosion gleichen. Sie hat ein offenes Herz, kein egozentrisches, und deshalb wird sie in eine Syntonie mit den Strömen von Liebe und Mitgefühl eintreten. Harmonie wird durch unser astrales Gehirn (wie auch durch unser physisches) als Schönheit übersetzt. Deshalb wird sie von Bildern der Liebe, des Mitgefühls und der Einheit mit dem Licht umgeben sein. Harmonische Formen, Farben, Monumente musikalischer

Seligkeit, die unermeßliche Freude von Tier und Pflanzenseelen und all die Elementalen des kosmischen Tanzes werden um sie und durch sie schwingen, da sie aus denselben Frequenzen gebildet ist.

Wie Sie sehen, ist alles das als Legenden, Glaubensvorstellungen und religiöse Lehren in die Geschichte eingeflossen, allerdings in so vereinfachter Form, daß es infantil wurde und jegliche Glaubwürdigkeit verloren hat. Aber fast alle Individuen kehren zur Manifestation zurück... aufgrund von allerlei Ballast, Bindungen oder selbst irdischer Liebe. Und wenn Sie sich auch nicht deutlich erinnern können, so halten Sie dennoch an jenen kurzen Augenblickes des Glükkes und der Seligkeit fest, die auf den hohen Ebenen durch und durch wirklich sind und dem astralen Wesen dieser Individuen sozusagen etwas ›Himmlisches‹, Unvergeßliches aufgeprägt haben.

Innere Alchemie

Es gibt keine dauerhafte, durchgängige Persönlichkeit… Der Geist ist nicht das Besitztum irgendeiner Person. Er ist der kleinste gemeinsame Nenner, das, woran wir alle teilhaben, und das allein ist dauerhaft und ewig.

Aus den Lehren des Buddha

Es ist so gewollt moralisch, so befangen, einfach einen Schritt wegzutreten… und zu sagen: Ich habe diese Gnade niemals verdient (was ja auch stimmt), und dann den Rest der Tage am Rande der Wut und in Trotz zu verbringen. Das will ich nicht. Die Welt ist viel wilder, und zwar in allen Richtungen, sie ist viel gefährlicher und bitterer, extravaganter und strahlender.

Annie Dillard

Nicht-Verhaftung kann sich sehr langsam einstellen… Man sollte es sich nie als asketische Härte vorstellen… Die Übung der Nicht-Verhaftung verleiht selbst den gewöhnlichsten Ereignissen des langweiligsten Tages Wert und Bedeutung. Sie eliminiert die Langeweile aus unserem Leben.

Christopher Isherwood/Swami Prabhavananda

Die Brunnenmacher leiten das Wasser, wohin sie wollen, die Pfeilmacher biegen den Pfeil, die Zimmerleute biegen den Holzbalken, weise Menschen aber arbeiten an ihrer eigenen Gestalt.

Aus den Lehren des Buddha

9

Innere Alchemie

Es ist äußerst wichtig, jetzt, während Sie noch immer in Ihrem rosa Schwimmanzug stecken, auf die Transformation zu achten. Statt Transformation wollen wir es lieber als Transmutation bezeichnen. Es ist nicht einfach nur eine Veränderung oder ein Wachstum, es ist vielmehr Alchemie. Im Mittelalter war die Alchemie die Verwandlung von ›billigem Metall in Gold‹. Das biegsame, opake Metall Blei wurde im Lauf der Jahrhunderte vor allem dafür verwendet, alle möglichen Gegenstände zusammenzuhalten, von Fischernetzen bis zu Bootskielen. Das untrübbare ›Sonnen‹-Metall Gold war immer schon Preis und Ziel. Vielleicht glauben Sie, daß diese Alchemie eine poetische Metapher ist. Ich möchte Ihnen aber etwas ziemlich Merkwürdiges erzählen: In der Physik unterscheidet sich die atomare Bildung von Gold von der des Bleis nur durch ein Teilchen in der Umlaufbahn. Wenn man es aus der Umlaufbahn, aus der vorhergehenden Formation herausstoßen könnte, so wäre es möglich, die Transmutation, die Verwandlung physisch zu verwirklichen.

Natürlich können wir es heute in unseren modernen Zyklotronen tun, aber die Kosten sind höher als der Nutzen. Das Schöne daran ist, daß diese Sachlage den arabischen Alchemisten schon vor dem ersten Jahr unseres Kalenders bekannt war!

Aber das hauptsächliche Ziel des ernsthaften Alchemisten war die Verwandlung des Alchemisten selbst. Und darum muß es auch uns gehen. In unserem gegenwärtigen Zustand haben wir zuviel Blei in unserer ›Seele‹ und wirklich nur sehr wenig Gold.

Was ist dieses ganze Blei, das uns niederdrückt? Es ist, als ob wir fliegen wollten, aber wir klammern uns noch immer fest an unser schweres Gepäck. Stellen Sie sich vor, Sie wollen vom Boden abheben und in die Lüfte emporschweben, halten aber in jeder Hand einen Koffer, der mit Beton gefüllt ist. Unser Gepäck besteht aus Mängeln, Konditionierungen (die durch endloses Feedback immer wieder neu verstärkt werden), aus Programmen, Bindungen, Begriffen und der ganzen mentalen Infrastruktur. Die wirkliche Schwierigkeit besteht darin, daß dieses Gepäck eben nicht nur wie ein Koffer neben uns steht, sondern ein Bestandteil von uns selbst ist. Wie können wir uns von diesem alten Gepäck befreien? Wir wollen erst einmal bei den Mängeln anfangen.

Die Knoten auflösen

Die buddhistische Tradition spricht von Zorn, Gier, Faulheit, Eifersucht, usw. als ›negativen Aggregaten‹. Das sind Gewohnheiten, die langsam gebildet wurden und nun eine Art Knoten darstellen. All diese Knoten erzeugen so etwas wie einen handgestrickten Pullover. Nehmen Sie sich den größten Knoten vor, und beginnen Sie damit, ihn zu entwirren. Ein großer Knoten wird etwa drei Monate in Anspruch nehmen. Aber ein wirklich großer Knoten, wie Alkoholismus oder Drogenabhängigkeit, wird noch länger dauern. So wird der Pullover sich recht schnell von einem Knoten zum anderen auflösen… denn wenn Sie einmal imstande sind, einen Knoten zu eliminieren, so sind auch die anderen geschwächt. Selbst kleine ›technische Irrtümer‹ sind wichtig. Zum Beispiel das Aufschieben von Angelcgenheiten auf den nächsten Tag. Das ist eher eine Schwäche als eine Abhängigkeit, trotzdem ist es eine gefährliche Neigung und mit Sicherheit ein Teil des schweren, negativen Netzwerkes, das uns zu Boden drückt.

Die Puzzle-Methode

Diese Methode zur Entfernung von Mängeln möchte ich als Puzzle-Methode bezeichnen. Stellen Sie sich zunächst in einem negativen Zustand vor. Vielleicht möchten Sie an Ihrem Zorn arbeiten. Blicken Sie in den Spiegel! Wie sehen Sie genau aus, wenn Sie zornig sind? Sind Ihre Kiefer angespannt, die Augen weit aufgerissen oder eng geschlossen? Imaginieren Sie jetzt dieses Bild deutlich auf Ihrem geistigen Bildschirm, aber *ohne Emotion oder Urteil.* Schauen Sie sich dieses Bild als ein Puzzle an, in dem dünne Linien die verschiedenen Stücke anzeigen. Schütteln Sie das Bild, lassen Sie es aufbrechen, als ob es durch ein Flugzeugfenster in der Nacht herausgesogen würde. Die Stücke fliegen in alle Richtungen, und wirbeln im Sternenlicht hinweg. Sie haben nur noch den sternenerfüllten Nachthimmel über sich, die Heiterkeit des unendlichen Raumes. Empfinden Sie diese Heiterkeit. Und das ist bereits das Ende dieser Methode.

Wenn das negative Aggregat, von dem Sie sich befreien wollen, schwer zu visualisieren ist, so arbeiten Sie daran, bis Sie schließlich ein lebhaftes Bild erzeugen können, das diesen Mangel darstellt.

Diese Puzzle-Methode brauchen Sie nicht während der Meditation anzuwenden, Sie können sie immer dann durchführen, wenn es Ihnen gelingt, Ihre Aufmerksamkeit auf die Einzelheiten zu richten. Aber tun Sie es getreulich jeden

Tag, bis Sie feststellen, daß der Fehler verschwunden ist. Dies ist die erste Methode, die ich neuen Schülern gebe, und Hunderte haben im Laufe der Jahre bezeugt, daß sie wirklich funktioniert.

Sich selbst als höheres Wesen erzeugen

Sie haben bereits etwas über die drei Fahrzeuge gelernt. Die Summe ihrer Eigenschaften bildet unsere Persönlichkeit, und diese unsere Persönlichkeit ist ebenso flüssig, unbeständig und unwirklich wie unsere drei Fahrzeuge. Sie ist höchst empfindlich, wenn sie kritisiert wird, und liebt dagegen die Schmeichelei, wie Sie vielleicht wissen. Sie ist klein, schwächlich und in dieser Welt der Unvorhersehbarkeit auch leicht verletzlich.

Wenn wir damit beginnen, uns von dieser Persönlichkeit zu befreien und den Berg der Weisheit zu besteigen, so ist es, als ob wir liebe Freunde verlassen, indem wir einen Aufzug im Freien benützen, der uns zu einem höheren Stockwerk bringt. Sie winken uns noch, aber sie sind viel kleiner geworden. Wenn wir dann die Spitze erreichen, sind sie fast unsichtbar geworden. Vielleicht können wir mit ihnen wie durchs Telefon kommunizieren, und sie werden uns ihre Reaktionen übermitteln. Wir können ihnen Anweisungen geben, weil wir sehen, was sie tun sollten... von dort oben haben wir einen großen Überblick.

Die Menschen nehmen uns ganz anders wahr, als wir uns selbst wahrnehmen. Da wir uns selbst erschaffen, warum sollten wir uns nicht als höhere Wesen erschaffen? Beginnen Sie mit Dedramatisierung... Wenn Sie sich selbst zu ernst nehmen, so verdichten Sie sich auf der Ebene der Meinung anderer Menschen. Innere Kraft gewinnen Sie in genauem Verhältnis zur Verbesserung Ihrer Eigenschaften.

Manifestieren Sie sich *voll und ganz,* und Sie werden glücklich sein.

Denken Sie daran, wir sind, was wir erschaffen, tot oder lebend. Wenn Sie der Meinung sind, daß dieses Leben lediglich ein harter, gewalttätiger Dschungel ist, so wird es für Sie auch so sein, denn Sie erschaffen die Muster Ihres Lebens. Sie erzeugen eine Hölle und leben in einer tieferen Schwingung.

Wir müssen uns ohne alle Projektionen unsere Fahrzeuge anschauen. Es ist wie ein Spiegelkabinett: Sie sind gleichzeitig jedes einzelne verzerrte Abbild. Aber diese Abbilder können Sie nur jeweils einzeln sehen.

Schauen Sie sich zunächst einmal Ihr physisches Ich genau an. Blicken Sie aufmerksam in den Spiegel. Sagen Sie sich: »Ich bin das nicht. Ich bin nicht diese rosafarbene Hülle, die als Haut bezeichnet wird. Ich bin nicht die Zähne, die aufeinandergebissen sind. Ich bin nicht diese kleinen Augen. Ich bin nicht dieser Schwimmanzug von einem Körper. Ich bin nicht die bionische Maschine. Ich lebe nur in ihr.«

Betrachten Sie dann den Astralkörper der Emotionen, den wildbewegten Affenkäfig. »Nein, auch das bin ich nicht.« Dann den Verstand. »Bin ich mein Verstand?« Der Verstand ist niemals ruhig, er schnattert immer und reagiert auf die Emotionen. Man kann ihm dabei zuschauen. »Bin ich meine Gedanken?« Ich kann sehen, daß meine Gedanken durch all den Mist in der Welt erzeugt worden sind. »Nein, auch das bin ich nicht.«

Beobachten Sie nun andere Menschen auf dieselbe emotionslose Art und Weise, so, als ob Sie ein außerirdischer Besucher wären, der sich für die Irdischen interessiert und wissen möchte, wie sie funktionieren. Sehen Sie auch die anderen Menschen als bionische Maschinen. Gehen Sie in einer Einkaufsstraße, in ein Restaurant. Stellen Sie sich vor, daß

Sie rückwärts aus Ihrem Körper gleiten, bleiben Sie stillstehen und beobachten Sie. Sagen Sie sich: Ich bin wach. Ich bin aufmerksam. Und Sie werden eine Veränderung wahrnehmen. Die anderen Menschen werden Ihnen nun so erscheinen, als wären Sie im Traumzustand. Sie sind wie Geister, die in diese Welt projiziert wurden. Schauen Sie sich diese Wesen in ihren bionischen Maschinen an: Die latexartige Hauthülle, die kleinen stechenden Augen, die so wenig aufnehmen können, das Haar, das die verletzlichen Teile bedeckt. Schauen Sie, woraus diese Menschen bestehen. Beobachten Sie in einem Restaurant, wie Sie Ihren Mund stopfen. Sehen Sie, wie Ihre Muskeln Ihr Gesicht entsprechend Ihren Emotionen verziehen. Sehen Sie Ihre Kleider als Decken.

Das ist keine angenehme Methode. Wir sehen dabei keine Schönheit. Es ist eine kalte Art der Betrachtung. Wenn Sie sie während einer sexuellen Begegnung anwenden, so wird sie höchstwahrscheinlich Ihr ganzes Verlangen töten. Aber tun Sie es einmal eine Woche lang. Denn durch diese Übung werden Sie den sicheren *Beweis* dafür erlangen, daß Sie nicht Ihr Fahrzeug sind. Und das ist ein weiterer Schritt nach vorne in Ihre Verwandlung, in Ihrer Alchemie.

Aberglaube

Wir haften an unserem Glauben an die ›Realität‹, in der wir leben, hängen an Konzepten, an Ängsten vor Krankheiten, Bomben und Erdbeben. Wir sitzen in einem Käfig, der aus diesen Ängsten besteht. Die meisten Dinge, vor denen wir Angst haben, geschehen nie, aber sie vergiften unser Leben. Wir drücken uns nieder und wundern uns dann, daß wir nicht fliegen können! Brechen Sie die Grenzen, die *Sie selbst* jeden Tag erschaffen. Wir müssen uns von der Vorstellung befreien, daß wir eine *einzigartige* Wirklichkeit sind. Wir glauben, unsere Probleme sind wirklich, weil wir in einer wirklichen Welt leben. Das stimmt nicht. Es gibt andere Welten, die genauso wirklich, genauso relativ sind. Beispielsweise die mikroskopische Welt… Die Millionen und Abermillionen von Zellen in unserem Körper. Wenn wir ein klein wenig weiter auf der Größenskala gehen, so finden wir winzige Lebewesen, die ein wenig wie Hummer aussehen und in unseren Wimpern leben. Einige von ihnen sind auch auf unserer Kopfhaut zu Hause.

Denken Sie doch an all die winzigen Lebewesen, die in einem einzigen Wassertropfen existieren. Ziehen Sie ein Mikroskop über ein Stück Käse: Es ist ein Zoo, in dem es von Leben nur so wimmelt!

Aberglaube ist ein Teil unseres schweren Gepäcks. Wir sehen uns oft durch die Augen von ziemlich unbedeutenden Dummköpfen. Achten Sie auf ein Feedback, das Ihnen sagt: »Sie sind nicht würdig.« Kämpfen Sie gegen dieses Gefühl, lösen Sie es auf. Es ist ein ganzer Haufen von religiösem Mist. Wenn Sie irgend etwas falsch gemacht haben, so geschah es aus Unwissenheit. Jetzt aber sind Sie auf dem Pfad der Weisheit, und Sie arbeiten an Ihrer Selbsttransformation. Wenn Sie also das Gefühl haben, daß Sie all den Aktivitäten, die Sie umgeben, schon entwachsen sind und nach etwas Neuem Ausschau halten, so strafen Sie sich auf keinen Fall für dieses Gefühl. Es bedeutet, daß Sie reifer werden, daß Sie auf Ihrer Suche sind. Sie sind dabei, Ihre Kraft zu finden.

Führen Sie eine Woche lang die folgende Übung durch: *Akzeptieren Sie nichts.* Hinterfragen Sie Ihre Meinungen über alles, was vor Ihnen auftaucht, auch dann, wenn Sie diese Meinung seit Ihrer Kindheit gehabt haben.

Hinterfragen Sie, was man Ihnen in der Schule von der ersten Klasse an beigebracht hat. Die Vorstellungen, in denen wir verwurzelt sind, geben uns Feedback und hindern uns daran, uns zu verwandeln. Wir müssen uns verändern, ohne einen negativen Feedback zu erzeugen. Es ist besser, kein ›Glaubenssystem‹ zu haben. Eine ›Arbeitshypothese‹ ist besser. Vergessen Sie nicht, daß letztlich alles auf der je eigenen Realitätsebene real ist.

Wenn wir uns schließlich von den Lügen befreien können, die uns nähren, dann gibt es nichts mehr. Dann müssen wir die Verantwortlichkeit für unsere Handlungen selbst übernehmen... Ohne irgendwelche Regeln, an die wir uns halten können, ohne irgendeine erschaffene Gottheit, die uns behindert. Dann sind wir bereit für den Quantensprung.

Reduzieren Sie also alles auf seine *Essenz.* Das ganze Leben ist ein Energiefeld in anderen Energiefeldern, mit jeweils verschiedenen Kohäsionsgraden. Wenn Sie irgend etwas auf seine Essenz reduzieren, so gibt es keine Widersprüche.

Reduzieren Sie alle Probleme auf den gemeinsamen Nenner. Das ist auch ein gutes Thema für eine Meditation: Wir menschlichen Wesen sind jeweils verschiedene Kohäsionen von Energie, und Energie ist ewig.

Eine weitere Meditation: Wir sind nur reine Energie. Die Welt um uns ist nur reine Energie. So ist also alles möglich. Die Welt ist durch unsere Übersetzung in unserem Gehirn. Sie ist nicht ›irgendwo dort draußen‹. Wird diese Welt zu Ende gehen, wenn sich das letzte Auge schließt? Sicherlich... Aber vergessen Sie nicht, daß sie niemals wirklich existiert hat.

Wir müssen eine Menge Reinigungsarbeiten leisten. Ich habe meine Schule oft als ›Große Waschmaschine‹ bezeichnet. Natürlich müssen wir unsere negativen Eigenschaften wegspülen. Aber genauso wichtig ist es, tief verwurzelte abergläubische Vorstellungen, Konzepte und Glaubenssysteme abzulegen.

Nicht-Verhaftung

Die Lehren des Buddha raten zu Nicht-Verhaftung. Das bedeutet nicht, daß man sich aus solchen Bindungen wie Kind, Eltern oder Partner löst. Nicht-Verhaftung sollte niemals die Form einer Gleichgültigkeit gegenüber jenen annehmen, die unsere Liebe und unseren Dienst brauchen. Statt dessen sollte es eine Gleichgültigkeit gegenüber den materiellen Bedürfnissen und Wünschen unserer Existenz sein, gegenüber dem unablässigen Versuch, Vergnügen zu gewinnen und Schmerz zu vermeiden.

Versuchen Sie, Ihre Bedürfnisse von Ihren Wünschen zu trennen. Sie werden sehen, daß das nicht notwendigerweise dasselbe ist. Prüfen Sie es einmal: Liegen Ihre Bedürfnisse auf derselben Ebene wie Ihre Wünsche? Prüfen Sie, spekulieren Sie, entfalten Sie, experimentieren Sie. Dies wird Sie zu der Frage führen: »Aus was bestehe ich? Welcher Teil von mir ist wirklich, ist real?«

Hand in Hand mit der Verhaftung kommen Erwartungen, die sehr tief in uns sitzen und uns nicht enden wollende Sorgen bereiten.

Wenn wir wollen, daß Menschen in unsere Modelle, unsere Erwartungen passen, so müssen wir notgedrungen frustriert werden.

Deshalb scheitern so viele Ehen. Wenn jeder Partner nur all seine Erwartungen draußen lassen würde, bevor er über die Schwelle tritt, so würde die Scheidungsrate mächtig abstürzen.

Der Trick bei der Nicht-Verhaftung besteht darin, daß man zwar in die eigenen Handlungen involviert ist, daß man sich aber dessen bewußt ist. Dann wird man nicht verhaftet sein. Sie sollten heitere Akzeptanz üben. Seien Sie aufmerksam, arbeiten, lieben und leben Sie mit losgelöster Aufmerksamkeit.

Ein Teil der alchemischen Arbeit, die wir an uns selbst tun müssen, ist die Erzeugung neuer Gehirnschaltkreise. Das wird mit Sicherheit Ihre Evolution beschleunigen. Begeben Sie sich in die großen ungenutzten Teile Ihres Gehirns und lernen Sie, es mit dem Kosmos in Verbindung zu setzen. Wenn Sie sich einer Sache oder eines Zustandes nicht bewußt sind, so existiert es für Sie nicht. Denken Sie daran, daß die Erweiterung des Bewußtseins die Fähigkeit ist, mit allem mehr Beziehungen zu haben. Sie müssen sich sphärisch ausbreiten wie ein Ballon, nicht jedoch in einer linearen oder schiefen Richtung. Wenn Sie eine vieldimensionale Existenz ins Auge fassen können, so wird sich Ihre Entwicklung in tausend Richtungen ausdehnen.

Stellen Sie sich wieder das Gehirn wie einen Radioempfänger vor. Es nimmt auf, verwandelt und gibt wieder. Regen Sie Ihre Schaltkreise zur Vervielfältigung an. Stimulieren Sie sie, experimentieren Sie. Die Logik ist der Intuition unterlegen. Sie wissen inzwischen, daß Logik mechanisch ist, daß sie wie ein Kinderspiel zusammengesetzt ist... Die Stücke (Syllogismen) müssen zusammenpassen. Versuchen Sie statt dessen, durch *Analogien* zu verstehen. Ein annäherndes Verständnis wird die Gehirnschaltkreise aufwekken. Schlafende Schaltkreise erwachen durch die Assoziationen von Ideen. Erhitzen Sie diese Schaltkreise von unten her. Wecken Sie sie auf. Sie können es... Wir nutzen bereits mehr Schaltkreise als die Menschen, die vor einigen wenigen Jahrtausenden gelebt haben.

Wir müssen auch imstande sein, viel besser als jetzt, die *Konditionierung* unserer Fahrzeuge zu verstehen. Das ist die Theorie der konditionierten Automatismen, die auch als automatische Reflexe bezeichnet werden. Wenn ich Ihnen beispielsweise erzähle, daß ich eine Zitrone halbieren werde und einige wenige Tropfen auf Ihre Zunge pressen werde, so werden Sie sofort automatisch Speichel erzeugen, ob ich nun eine wirkliche Zitrone halte, oder überhaupt keine. Ihr mentales Bild wird ausreichen, um die Erzeugung von Speichel auszulösen.

Seit dies von Pawlow in Rußland um das Ende des letzten Jahrhunderts demonstriert wurde, haben wir entdeckt, daß die ganze Aktivität unseres Stoffwechsels wie auch des tierischen Stoffwechsels aus multiplen Kettenreaktionen von konditionierten Reflexen resultiert, die in Parallelität zu der physiologischen Komplexität einer jeden Spezies entstanden ist. In unserem physischen System ist das verständlich, aber es geschieht auch in unserer mentalen und emotionalen Welt.

Sie sehen also, wir sind alle eine Art Gipfel einer genealogischen Pyramide. Wenn wir hinabschauen, sehen wir Vater und Mutter, Großvater und Großmutter, die Urgroßeltern und so weiter und so fort, bis wir schließlich (ob wir nun die Linie ununterbrochen weiterverfolgen konnten oder nicht) zu einem Höhlenpaar kommen, mit dem die Kette begann. All diese unsere Vorfahren lachten und weinten, liebten und kämpften, sie wurden geboren, lebten und starben, sie akkumulierten während ihres Erdenlebens eine Milliarde von Anziehungen und Abstoßungen und wiederholten immer wieder eine unendliche Menge von Gewohnheiten, Entscheidungen und Handlungen, die sich schließlich in ihren emotionalen Körpern automatisierten.

Das alles haben wir geerbt. Wir haben sie in unseren Genen und Chromosomen, sie sind in unseren tiefsten, unterbewußten Ebenen begraben. Menschen, die nicht *bewußt und aufmerksam* sind, gehen mit der Vorstellung durch das Leben, daß sie wählen oder ablehnen, in Wirklichkeit aber sind sie durch diese unterirdischen Strömungen voll und ganz konditioniert worden. Sie halten jede einzelne Entscheidung für ihre eigene Entscheidung, ihre individuelle Wahl, die sie spontan und offen bestimmt haben. Sie glauben schließlich sogar, daß sie nun den ›Freien Willen‹ haben, um zu entscheiden und zu handeln.

Freier Wille

Die Frage nach dem Freien Willen ist immer schon ein theologischer Stolperstein gewesen. Die Kirchen verfügten über äußerst fähige philosophische Geister, die ihrem Expansionsziel dienten. Verstehen Sie aber hier unter ›Expansion‹ nicht Kolonialismus. Expansion oder Ausbreitung des Glaubens (christlich, moslemisch, Hindu oder was auch immer) wurde von wahrhaftigen religiösen Führern als das einzige Ziel im Leben betrachtet. Sie waren so mit der Rettung *ihrer* Seele beschäftigt, daß sie sich nur dann wohl fühlen konnten, wenn sich auch jeder andere ihnen anschließen würde. Je weniger Opposition ihnen entgegentrat, um so mehr Objektivität maßen sie ihrer Wahrheit zu. Und so landeten sie schließlich durch das merkwürdige Phänomen kollektiver Hypnose dabei, daß sie die komplizierten kleinen Geschichten, die sie selbst ausgedacht hatten, für offensichtliche Tatsache hielten. (Das ist natürlich eine Parenthese, die keinen Schatten auf so große Geister wie Christus oder Buddha werfen soll. Wir sprechen hier von den Organisatoren und den PR-Spezialisten.)

Das Problem des Freien Willens ist einfach: Haben wir ihn oder haben wir ihn nicht?

Angenommen, wir haben ihn nicht. Die Moslems, beispielsweise, sagen: »Es steht geschrieben.« Warum also sich Sorgen machen? Was auch immer Sie in der einen oder anderen Weise tun, wird Ihre Zeilen in der Schrift nicht verändern. Wenn wir aber andererseits Freien Willen haben, so müssen wir zugeben, daß unser sogenannter Freier Wille in Wirklichkeit nicht existiert. Denn Dinge, von denen wir ›wollen‹, daß sie geschehen, bleiben oftmals ungeschehen. Also zurück zu unseren Theologen. Sie haben einen Weg gefunden, um sich aus der Schwierigkeit herauszuwinden. Sie sagten, daß Gott den menschlichen Wesen die Wahl zwischen Gut und Böse gegeben hat. Und um Verwirrung zu vermeiden (denn was für mich böse ist, kann für Sie ganz wundervoll sein), verwiesen sie auf ein besonderes Buch mit seinem ganzen Regelinventar: Wenn man ihnen folgt, so kommt man in den Himmel, falls nicht, so geht die Reise hinunter in den Grillraum... und das ist alles, meine Lieben!

Nun, das hat zunächst bei einfachen Menschen Wunder gewirkt, aber ich fürchte, daß es meine Leser nicht befriedigen wird. Wir wollen die Frage nach dem Freien Willen ein wenig ernsthafter betrachten. Am Anfang dieses Buches steht ein Satz, der gleichzeitig sehr einfach und sehr tief ist, ein Satz, den Seneca vor vielen Jahrhunderten gesagt hat: »Die Willigen leitet das Schicksal, die Unwilligen zerrt das Schicksal voran.«

(Seneca war ein sehr weiser Römer, der das Unglück hatte, der Mentor eines recht unangenehmen Schülers zu sein... des Kaisers Nero. Der Schüler war in seinen Zwanzigerjahren, und nachdem er fünf Jahre einigermaßen vernünftig regiert hatte, entwickelte er schreckliche Laster und Verrücktheiten. Einige davon hatte er natürlich von seiner Mutter geerbt... die er im übrigen während eines seiner jugendlichen Anfälle vergiftete. Seneca war ein wenig altmodisch und tadelte diese Art des Verhaltens, deshalb befahl ihm Nero, sich umzubringen. Und Seneca tat es. Ich nehme an, daß das Leben in der römischen Orgienszene dieser Zeit in seinem Alter langweilig geworden war. Aber es gibt dabei noch eine zarte Fußnote: Senecas Freundin, eine Freigelassene, lehnte es ab, ihn zu verlassen und öffnete ihre Adern mit ihm im selben Bad.)

Zurück zu Senecas Sentenz. Wenn wir zu den ›Willigen‹ gehören, von denen er spricht, haben wir dann diesen Freien Willen, den wir zu definieren versuchen? Was ist dieses Schicksal, das uns angeblich anleitet? Oder uns weiterzerrt?

Wie üblich werden diese großen Fragen durch eine noch größere Synthese gelöst. Für die These »Wir haben einen Freien Willen« und seine Antithese »Wir haben ihn nicht« haben wir eine größere Synthese, die beide absorbiert. Wir sehen den kosmischen Willen so klar und so offenbar in allen Naturphänomenen manifestiert. Jeder Grashalm, jedes lebende Wesen, von der sichtbaren Manifestation seines Lebens bis zu seinem fundamentalsten Wachstumsdrang verlangt nach Freiheit. Und dieses Verlangen nach Freiheit reicht von einem bewußten Bedürfnis bis zu einer instinktiven Hoffnung auf Freiheit von der *Form*... Und gemeint ist damit die Rückkehr zur Uressenz, zum vorgeburtlichen Zustand der Welt, zur Beendigung des Existenzzyklus, nachdem nach Ionen der Manifestation alle Lektionen gelernt und alle Kräfte erworben sind.

Wir finden dieses Verlangen in allen Traditionen, es ist die ›Rückkehr zum Vater‹, das Heimweh, das wir empfinden, wenn wir den sternenerleuchteten Himmel betrachten. Dieser starke Strom zur Vollendung aller Erfahrung ist der große kosmische Wille, das ›Dein Wille geschehe‹ des Gebetes, aber auch die letzten Worte des sterbenden Buddha: »Erschöpft ist der Brennstoff, erloschen die Flamme, dies ist das Ende der Existenz«... Und mit einem Seufzer der Erleichterung fügte er hinzu: »Nirwana«... das er bereits während seines Lebens erreicht hatte und mit dem er nun schließlich verschmolz.

Wenn wir also in der praktischen Anwendung auf unser tägliches Leben, wo jegliche Weisheit ihren Schlußstein trifft, mit diesem Strom zusammenarbeiten und diesem immer gegenwärtigen Sehnen in allen Lebewesen ›dienen‹, so werden wir durch diese Kraft getragen und durch dieses Schicksal des Manifestierten angeleitet werden. Und dann werden alle Hindernisse, die den Weg unserer Mitmenschen verbarrikadieren, uns als Bausteine für unsere Treppe zum Himmel dienen. Zu unserer Überraschung werden wir die Lösung all unserer Probleme sehen, sie werden uns erscheinen wie eine dicke Schicht Eis auf einem Fluß, die durch die herannahende Wärme des Frühlings plötzlich aufgebrochen wird, so daß die riesigen Stücke durch die immer stärkere Strömung vorangespült werden und schließlich im Meer verschwinden.

Denken Sie daran, wir sind die Schöpfer unserer Welt. Wenn wir unseren Wagen an die Götterrosse spannen, so werden wir schließlich den Sieg davontragen.

Verwandlung als ein Werden

Ich möchte dieses Kapitel über die Alchemie mit der Erklärung abschließen, daß Ihr Verwandlungsprozeß ein *WERDEN* ist. Wir werden zu den höheren Ebenen des Bewußtseins und treten in gemeinsame Schwingungen mit ihnen ein. Die höheren Ebenen bedeuten größeres Licht, deshalb auch größere atomare Geschwindigkeit oder Frequenz. Das entspricht ganz genau der modernen Physik, die Ihnen sagen wird, daß das Licht aus Wellen und Teilchen besteht. Das Licht, das aus all seinen Farben besteht und weiß strahlt, hat eine äußerst schnelle Frequenz. Auf dieser Ebene empfangen wir durch unsere Sinneskanäle Hunderte von Millionen Teilchen pro Sekunde. Deshalb bedeutet für uns, die wir noch immer in Syntonie mit der Zellvibration der physischen Ebene sind, ein Sprung in die molekulare Vibration, in die hohen Ebenen des Lichtes, einen wirklichen ungeheuren Evolutions*sprung*.

Das ist der Quantensprung, von dem die Physiker sprechen, den sie aber noch nicht außerhalb der Rechentafel durchführen können.

Die Achse für das Wachstum sollte die Liebe sein, denn auf unserer menschlichen Ebene ist die Liebe das *einzige,* was wie das Licht, die lebensspendende Kraft agiert. Wir können unser Herzzentrum mit einem strahlend weißen Licht visualisieren, aber wie können wir dieses Licht *realisieren,* verwirklichen? Der Sprung von einer tiefen Ebene zur höchsten ist wirklich ein ›Sterben, um neu geboren zu werden‹, denn wenn wir für all unsere alten Frequenzen sterben, die der Stoff all unserer Bindungen und Verhaftungen sind, werden wir als sehr hohe Schwingung neu geboren. Dann sind wir von unserem gegenwärtigen Selbst ebenso verschieden, wie unser gegenwärtiges Selbst von jenem kleinen neugeborenen Kind.

Eine Meditation über das WERDEN

Der Sprung zum Nirwana ist selbst eine Nicht-Bemühung, er ist ein Loslassen, ein Abwerfen, ein Ausziehen der Seele. Es ist ein Sprung durch die Wandlungen der Elemente. Für diesen Sprung brauchen wir Kraft, setzen Sie sich also in Meditationshaltung und sammeln Sie Ihre Andacht. Richten Sie Ihre Aufmerksamkeit auf das Herz-Chakra in der Mitte Ihrer Brust. Sehen Sie und fühlen Sie es voll strahlender weißer Energie. Diese Urenergie, die den Hindus als Prana, den Chinesen als Chi und den Quantenphysikern als ›das Feld‹ bekannt ist, folgt *nur* einem Gedankenkanal... Deshalb wird sie sich in unseren Herzen durch unsere innere Schau anfüllen.

Spüren Sie nun dieses Licht in Ihrem Gehirn, auf der Höhe des Dritten Auges oder der Zirbeldrüse tief zwischen den Brauen. Erfüllen Sie Ihren Kopf mit Licht und senden Sie dieses Licht durch das Kronen-Chakra höher und höher. Fühlen Sie, daß Sie Licht vom Herzen, von dem strahlend weißen Licht des Herz-Chakras nach oben gebracht haben. Dies ist Ihre Verbindung zu dem Licht der höheren Ebenen, mit denen Sie in gemeinsame Schwingung eintreten werden, zu denen Sie schließlich *werden.*

Mit dem Kosmos kommunizieren

Erkenne, daß jedes Ereignis in der unbegrenzten Anzahl der Universen durch dich beeinflußt wird. Erkenne, daß in allem Leben ist. Erkenne, daß du nicht das bist, was man dich lehrte zu sein, laß zu, daß das Bewußtsein sich mit dir vereint.

Bob Toben

Es gibt nichts, *vor* dem wir uns retten müßten, kein Kampf des Lebens *gegen* das Universum, kein Gott außerhalb der Welt, den man fürchten, dem man gehorchen müßte; nur die Göttin, die Mutter, die kreisende Spirale, die uns in die Existenz und aus der Existenz wirbelt... deren Lachen durch alle Dinge blubbert und läuft, und die man nur durch Liebe finden kann: Die Liebe zu den Bäumen, zu den Steinen, zum Himmel und zu den Wolken, zu duftenden Blüten und donnernden Wogen; durch Liebe zu allem, was auf ihrem Gesicht läuft und fliegt und schwimmt und kriecht; durch Liebe zu uns selbst...

Starhawk

Denn jeder hat alles in sich und sieht wiederum alle Dinge ineinander, so daß alles überall ist, und alles alles ist, und jedes alles ist... unendlich ist die Glorie.

Plotin

10

Mit dem Kosmos kommunizieren

Nun, da Sie auf dem Weg der Weisheit gehen und eine Definition des Göttlichen empfangen haben, ist Ihnen bewußt, daß Sie sich mehr und mehr auf den Rest des Kosmos beziehen müssen. Es ist Zeit, daß Sie eine Beziehung mit allen sichtbaren und unsichtbaren Wesen in Ihrer Welt erschaffen.

Telepathie

Allzu oft empfindet der Mensch ein Gefühl der Einsamkeit, der Isolation von anderen Menschen. Es ist das Bollwerk unserer Sinne, unsere ›Blase‹, die uns den Eindruck der Getrenntheit verschafft, während wir vermittels unserer Sinne unsere jeweils eigene Welt erschaffen. Selbst zwei Liebende fühlen sich getrennt, sie möchten sich immer näher kommen (der sexuelle Akt selbst ist eine gegenseitige Durchdringung), sie haben das Gefühl, daß sie sich niemals nahe genug sein können.

In unserem Gefühl der Isolation versuchen wir, miteinander zu kommunizieren. Aber wir verwenden Wörter.

Was bedeutet eigentlich ›Ich liebe dich‹ genau? Es hängt davon ab, wer es ausspricht. Es könnte eine Hochzeit vor dem Hochaltar oder auch eine Stunde im Motel auf der anderen Straßenseite sein. Was ist ein Wort? Wenn ich sage:

»Ich werde dir einen Apfel geben«, welcher Apfel ist dann gemeint? Es gibt Millionen von Äpfeln. Wir müssen mit den Wörtern genau umgehen. Wir müssen sie immer mit Details besticken, vor allem mit Gefühlen, bis wir unsere Aufmerksamkeit schließlich auf etwas richten können, das wir für vollständig halten. Aber es gibt eine Möglichkeit, ohne Wörter zu kommunizieren, eine schweigende unausgesprochene Weise, die dem Gefühl von Einsamkeit und Isolation ein Ende setzt. Manche Menschen bezeichnen es als Telepathie... Gedankenübertragung, aber im Grunde ist es das nicht. Übermittelt wird vielmehr ein Bewußtseinszustand, der wie alle Gefühle unmittelbar zum Gehirn gebracht wird. Es ist im Grunde eine tiefe Identität der Schwingung, eine Übereinstimmung.

Welche Telepathen kennen wir? Alle Kleinkinder bis zum Alter von etwa 2 Jahren sind Telepathen. Beobachten Sie, wenn ein Baby in die Augen einer neuen Person blickt. Das Baby wird den inneren Wert dieser Person in sich aufnehmen. Wenn es lächelt, dann ist alles okay. Aber wenn das Baby schreit und wegläuft, so sollten Sie vorsichtig sein: Irgend etwas ist hier, was das kindliche Bewußtsein als Schlag, als negative Wirkung empfängt. Auch Hunde sind Telepathen und in ganz besonderer Weise auch Katzen. Sie bleiben solange fern, bis sie die ganze Information über Sie empfangen haben. Erst wenn Sie geprüft und für gut befunden wurden, werden sie hereinkommen und sich an Ihnen reiben. Tatsächlich sind sogar alle Tiere und Insekten telepathisch. Wir Menschen haben die Fähigkeit, Telepathie zu entwikkeln. Nur unsere Haltung macht es uns schwer. Wir sind an unser lärmendes Kommunikationssystem gewöhnt. Bei telepathischer Konsonanz ist inneres Schweigen ganz offensichtlich eine conditio sine qua non, aber unglücklicherweise ist dieses innere Schweigen nicht gerade das Traumziel des Durchschnittsmenschen. Wir sammeln also all die Daten, die in unser Sinnessystem eingespeist werden, und diese Daten fordern unablässig Entscheidungen über unsere Reaktion auf die Sinneseinwirkung, dazu kommt die Manie, mit der wir unsere Ideen verkünden und sie gegen die Gedanken und Gefühle anderer Menschen durchsetzen, und wenn man den Fluß der Erinnerungsbilder und das sinnentleerte Schwatzen des Gehirns hinzufügt, so ist es nicht erstaunlich, daß wir die telepathische Botschaft und ihre mentale Übersetzung kaum ›fühlen‹ können. Aber durch inneres Schweigen und durch Übung können wir diese Fähigkeit mit aller Sicherheit gewinnen.

Denken Sie daran, daß Telepathie der Empfang einer astralen Einwirkung ist. Diese erzeugt eine Empfindung, und alle Empfindungen werden auf dem geistigen Bildschirm als *Bilder* übersetzt. Wenn ich sage, daß ein Mensch nicht ohne Bilder denken kann, meine ich damit nicht, daß das Bild visuell sein muß. Es gibt auditive Bilder, es gibt alfaktorische, und es gibt Geschmacksbilder. Wenn Sie beispielsweise ein Stück Apfelkuchen in der Küche nehmen und es essen, *ohne es anzuschauen*, so erscheint es klar und lebhaft, so, als ob es auf einem farbigen Plakat erschiene. Ein bestimmter Duft, den Sie einmal in der Vergangenheit gerochen haben, kann Sie unmittelbar an eine ganze Landschaft erinnern. Ein Lied, das Sie zum ersten Mal gehört haben, als Sie verliebt waren, wird dieselbe Wirkung ausüben... Es wird den Ort, den Tanz und das Gefühl zurückbringen. Wir landen immer bei irgend etwas, das unser Bewußtsein verstehen, und unser Verstand begreifen kann, um daraus dann die passende Handlung abzuleiten.

Telepathie aber wird auf astrale Weise empfangen, und deshalb ist sie manchmal ebenso schwierig zu übermitteln wie etwa Zahlen in ihrer ganzen Abstraktheit. Aber auch Zahlen können einen qualitativen Wert für uns haben. So kann die Eins heiter erscheinen, die Vier quadratisch, fest, usw. Die Pique As hat eine andere Wirkung als die Herz As… Für manche Menschen ist diese Spielkarte ein schlechtes Omen. Aber die arme Karte selbst hat damit gar nichts zu tun.

Die Mütter von Soldaten im Krieg fühlen oft ganz deutlich, wenn ihre Söhne verwundet oder getötet werden. Aber wie ist es möglich, daß eine Frau dieses Ereignis als Flammen wahrnimmt, wenn ihr Sohn beispielsweise bei einem Schiffbruch ums Leben kommt? Weil die astrale Botschaft durch Symbole in *ihrem* Erinnerungsspeicher übersetzt wird. Für sie ist der größte Schrecken das Feuer.

Sich anderen Arten des Bewußtseins öffnen

Auf Ihrem schnellen Weg zur Weisheit ist es wichtig, daß Sie sich anderen Arten des Bewußtseins öffnen. Als erstes schlage ich Ihnen vor zu lernen, wie man mit der ganzen Welt der Natur in Kontakt tritt, wo die Fähigkeit der Telepathie vorhanden ist. Die meisten menschlichen Wesen leiden noch immer an der pseudo-wissenschaftlichen Arroganz der paar letzten Jahrhunderte, sie glauben, daß Leben nur in den Dingen vorhanden ist, die wir mit unseren fünf drastisch begrenzten Sinnen als lebendig wahrnehmen. Aber *alles* auf unserem Planeten ist von Leben beseelt, und wo es Leben gibt, gibt es auch eine Form des Bewußtseins.

Zum Beispiel wissen nur sehr wenige Menschen, was Bäume eigentlich sind. Sie sagen: »Ja natürlich, Holz und Blätter. Eichen und so was. Hübsch, gibt Schatten.« Oder sie sehen es kommerziell… So und so viele Kubikmeter Holz, das so und so viel kostet. Das bedeutet, daß man Bäume ein bißchen so sieht, wie die höheren Offiziere die Soldaten sehen: Als Einheiten, die leider oftmals verzichtbar sind.

Sie sehen, ich muß Sie wieder daran erinnern, daß wir unser ganzes Leben auf den Verstand, das rationale Denken, fokussiert haben. Es hat keine Emotionen... Ein Computer wird Ihnen die Nachricht, daß Ihre Mutter gestorben ist, mit derselben Gleichgültigkeit übermitteln wie die Botschaft, daß die Suppe fertig ist. Ein Computer sorgt sich nicht. Er kann es nicht... Er hat dazu nicht die Fähigkeit. Wenn das rationale Denken einmal das Bild der Nachricht erzeugt hat, schwingt der ganze rationale Körper in einem Aufwallen von Emotionen, und das Herz ist ›gebrochen‹. Der Verstand hat sich bereits zurückgezogen, denn er kann an keiner Emotion teilnehmen.

Aber wir haben es überentwickelt. Um das Ende des Jahres 1790, während der Französischen Revolution, jagte das Komitee für öffentliche Sicherheit Gott zum Teufel und reichte seine Aufgaben an den Verstand weiter, den man dann die Göttin Verstand, die Göttin Raison nannte (das französische Wort für Verstand ist ein Femininum)... und man ehrte sie mit einem Nationalfeiertag! Leider hat diese Art der Überbetonung unsere Welt an den Rand der Katastrophe gebracht. Der gute alte Verstand, so kalt und logisch! Fast schon haben wir alle Wale getötet. Warum? Um des Geldes willen. Das Geld kauft Besitztümer, deshalb töte die Wale! Dasselbe gilt auch für die unterirdischen Atomtests. Die Leute zucken die Achsen: »Na und? Dadurch entsteht dann eben eine Höhle. Warum soll man sich um ein paar Felsen Gedanken machen?« Nun, Sie werden es gleich sehen. Selbst die härtesten Felsen sind lebendig. Sie haben Bewußtsein, allerdings würde sich eine Sekunde ihrer Dynamik, die von unglaublicher atomarer Aktivität gespeist ist, auf unserer Ebene der Wahrnehmung als hunderttausend Jahre darstellen. Sie sind Teil unserer Mutter Erde. Was wird die Wirkung solcher unterirdischer Explosionen sein? Wir wissen es nicht. Weil wir nur an der Oberfläche unseres

Bewußtseins leben. All die anderen Dimensionen sind für uns absolut unbekannt.

Wie können wir ein Gefühl von Einheit, von Gleichklang mit anderen Wesen entwickeln? Schon unter Menschen ist es höchst schwierig. Die menschliche Persönlichkeit hat sich über Jahre hinweg gebildet. Die Menschen greifen an, bevor sie selbst angegriffen werden, weil sie wissen, daß das die beste Verteidigung ist. Sie verstellen sich, sie maskieren sich, sie täuschen sich sogar selbst, um so zu erscheinen, wie sie es gerne möchten. So sind Menschen also eine harte Nuß, wenn Sie nicht die Fähigkeit entwickelt haben, ohne irgendeine Betonung der eigenen Persönlichkeit in tiefe Zustände von Verehrung ohne irgendwelche Emotionen einzutreten. Vielleicht sind Sie fähig, Wesen um dessentwillen zu lieben, was sie wert sind, und worin ihr Wesen besteht (was diese Menschen selbst oft gar nicht wissen). Wenn Sie diese Ebene erreichen, dann können Sie durch menschliche Wesen hindurchsehen, und sie sehen aus, als wären sie auf einer Glasscheibe gezeichnet.

Die göttliche Liebe zur Sonne

Nun wollen wir nur einen Augenblick lang zur Sonne blikken. Wie alles andere in unserem Kosmos ist sie lebendig, aber in einem so ungeheuren Maßstab, daß wir es uns kaum vorstellen können. Unsere Sonne ist eine siderische Entität, ein Stern. Von ihrem Licht lebt und funktioniert ein ganzes System von Planeten, und auf den Planeten gibt es viele sichtbare und unsichtbare Wesen.

Die Sonne schickt ungeheure Kraft aus, die allem auf unserem Planeten Leben spendet. Wo Sonnenlicht ist, wächst alles. Was ist also dieses Licht? Das Licht existiert nicht auf die Weise, wie wir glauben. Wir, die Tiere und Insekten um uns herum sind die einzigen, die ihre Zellen so angeordnet haben, daß daraus ein kleines Gerät entsteht, das auf Licht reagiert: die Augen. Aber wenn es keine Augen gäbe, würden wir trotzdem die Hitze spüren. Und was ist das? Die Wissenschaft wird Ihnen sagen, daß das Licht Photonen sind. Aber das erklärt es nicht.

Worin besteht diese Projektion von der Sonne, dieser Schwall lebensspendende Energie? Es ist göttliche Liebe. Göttlich, weil sie nicht menschlich ist... Sie ist ganz deutlich jenseits der Menschlichkeit. Die Sonne ist ein kolossales, mächtiges Wesen. Außer ihr verbreitet nichts auf dieser Erde Leben, und mit ihrem Ruf hebt sie alles vertikal zur Quelle ihres Lichts, ihres Lebens, ihrer Macht. Der heilige Franziskus sandte in großer Demut seine andächtige Liebe an Bruder Sonne und Schwester Mond. Die amerikanischen Indianer sprechen mit derselben Ehrerbietung von Großvater Sonne und Großmutter Erde. Wir können alle von diesen Traditionen lernen.

Tieren, Insekten und Pflanzen Liebe schicken

Als erstes wollen wir in Seelen eintreten, die nicht angreifen, die nicht täuschen, die für kosmische, unpersönliche Liebe offen sind. Wenn wir ohne Wörter kommunizieren, Sätze bauen oder uns mit Geräten wie Schreibmaschinen auseinandersetzen wollen, so sollten wir an die Art und Weise denken, wie eine Mutter mit ihrem Kind kommuniziert. Wenn das Kind ein Jahr alt ist, erklärt sie noch nichts... Sie spricht nur Worte aus, die für sie Bewußtseinszustände sind, welche das Kind ganz fantastisch versteht... genauso wie ein Hund. Sie können den vollendeten Nonsens sprechen, dennoch wird Ihr Hund mit größter Aufmerksamkeit lauschen und Ihre Liebe durch Ihre Stimme in sich aufnehmen.

Manche Tiere haben Interessen, die von den unsrigen so sehr abweichen, daß wir nicht wissen, wie wir mit ihnen kommunzieren sollen. Aber wir können immer Liebe ausschicken. Nehmen wir, z. B., einen großen Fisch. Jacques Cousteau taucht ins Meer hinab und krault einen Fisch am Kopf. Er ist für all diese Entitäten ein so liebevolles Wesen, daß sie herbeikommen und sich durch seine Liebe wärmen. Sie baden in seiner Liebe.

Die Sonne verleiht allen Dingen Licht und ihre Kraft ist kosmische unpersönliche Liebe. Durch das Herz-Chakra sind wir fähig, dasselbe Phänomen zu erzeugen und zu übermitteln.

Aber wir müssen unsere Aufmerksamkeit auf das Interesse der Person richten, mit der wir sprechen. Wenn Sie versuchen, Dreijährigen Philosophie zu erklären, so werden sie bald gelangweilt weggehen. Aber wenn Sie ihnen ein Märchen erzählen, so werden sie in hingerissener Aufmerksamkeit sitzenbleiben. Wenn Sie also mit nicht-menschlichen Wesen zu tun haben, so denken Sie einige wenige Minuten darüber nach: Was fühlt dieser kleine Bruder von mir jetzt in diesem Augenblick, was sieht er, was hört er? Wie sieht er meine Welt?

Nehmen wir als Beispiel die Bienen. Mit Bienen verbindet mich eine tiefe Freundschaft, sie sind Sonnengeschöpfe. Wenn Sie vor ihnen Angst haben, könnte es Ihnen durchaus geschehen, daß Sie von einer Biene gestochen werden, denn Angst ist ansteckend. Sie werden aber niemals gestochen, wenn Sie voller Liebe sind… denn Liebe ist Frieden. Ich habe schon oft eine Biene aus dem Swimming-pool nur mit der Hand herausgefischt. Ich helfe ihr, sich zu trocknen, ich sage ihr, in welche Richtung sie fliegen soll, wo sie Blumen findet. Die Bienen verstehen Geometrie. Jeden Morgen, bevor sie zur Ernte fortfliegen, vollführen sie einen geometrischen Tanz auf der Schwelle ihrer Bienenkörbe.

Sie können auch eine Freundschaft mit Fliegen beginnen. Sie lieben es, zu spielen. Wenn sich eine Fliege auf Ihrer Hand niederläßt, so schauen Sie, ob sie noch jung ist… Sie können es an der Größe erkennen. Schlagen Sie dann nicht zu, vergessen Sie unsere dumme, menschliche Gewalt. Tun Sie so, als ob Sie die Fliege mit Ihrem Finger treffen wollten, aber spielerisch langsam. Die Fliege wird von Ihrer Hand abheben, um dann unmittelbar zurückzukommen, und sie landet immer auf demselben Punkt. Das wird einige wenige Minuten so weitergehen. Sie werden es sehen, es ist ein Spiel, Sie spielen mit einer jungen Fliege, und ein Gefühl, das Sie noch nie zuvor gehabt haben, wird Ihr Herz erfüllen. Dann wird es der Fliege irgendwann zu langweilig werden, und sie wird Sie verlassen. Vielleicht aber findet sie Sie, und das Spiel beginnt wieder von vorne.

Und wenn Sie eine Fliegenklatsche auf dem Tisch liegenlassen… so wissen diese Insekten durchaus, wozu das dient. Woher wissen sie es? Die Mutterfliegen können ihre Jungen nicht in derselben Weise unterrichten, wie es Säugetiere tun, sie legen ihre Eier und fliegen weg. Aber die Gruppenseele der Insekten weiß es. Wenn wir uns dessen bewußt sind, daß Fliegen Intelligenz haben, so flößt uns das mehr Ehrerbietung ein. Wenn eine Fliege Sie stört, so wenden Sie sich an die Gruppenseele mit aller Hochachtung und Zuneigung: »Mutterfliege, sag bitte deinen Kindern, daß sie mich eine halbe Stunde allein lassen sollen.« Versuchen Sie es. Und glauben Sie niemals, was ich sage, experimentieren Sie selbst.

Nun wollen wir aber in die Welt der Pflanzen weitergehen. Die Pflanzenwelt ist ein Bewußtseinszustand, den wir in bestimmten Verdichtungen von Gestalt und Form wahrnehmen. Wilde und häusliche Pflanzen (die wie Haustiere sind) haben alle Leben, sie wachsen. Sie kommunizieren und helfen einander. Eine von ihnen streckt vielleicht einen

Zweig aus, um einer anderen Schatten zu spenden, die sonst austrocknen würde. Das habe ich oftmals gesehen.

Und dennoch glauben wir, daß Pflanzen unbeweglich sind. Wir verweisen die Pflanzen auf eine niedrigere Position, weil sie sich nicht von einem Ort zum anderen bewegen können. Uns Menschen erscheint erzwungene Bewegungslosigkeit als der schrecklichste Fluch überhaupt. Ja, jedesmal, wenn wir Menschen bestrafen wollen, besteht die erste und drastischste Weise darin, ihren Lebensraum einzuengen, sie ins Gefängnis zu werfen.

Wie jedes lebende Wesen, das wir auf dieser Erde wahrnehmen, bestehen Pflanzen aus einem verdichteten Körper (dem, den wir sehen), einem molekularen (astralen) Körper, der ihre Zellen durchdringt und auch mit einer instinktiven und bis zu einem gewissen Grade autonomen Intelligenz begabt ist. Weiterhin gibt es auch ein elektronisches Intelligenzelement, das allerdings mehr zur Mutterseele oder Spezies gehört, als zu der jeweils besonderen Pflanze selbst. Der Astralkörper der Pflanze ist sehr gut entwickelt und kann durch die Kirlian-Fotografie dargestellt werden. (Dabei wird die subtile Energie eines Körpers auf einem fotografischen Film aufgezeichnet.) Wie unser eigener Astralkörper reagiert auch der Astralkörper der Pflanze durch Syntonie oder gemeinsame Schwingung, wenn Sie das vorziehen, auf eine jegliche emotionale Situation, die im astralen Bereich entstanden ist. Dieser Zustand der Sensibilität ist dem von Menschen und Tieren sehr ähnlich, allerdings jeweils in Entsprechung zu ihrer psychischen Entwicklung.

Der elektronische Körper einer Pflanze hat eine Engelsnatur. Im Laufe der Jahrhunderte haben diese Wesen verschiedene Namen erhalten: Engel, Devas, Elementargeister, je nach Ort und Tradition. Ich glaube, daß dies ein bißchen besser erklärt werden muß. Alle traditionellen Kulturen haben die Erfahrung eines intimen Zusammenlebens mit

Naturphänomenen gemacht und auf diese Weise erkannt, daß alles in dieser Welt hierarchisch geordnet ist, vom kleinen Wurm bis zum Philosophen und darüber hinaus. Sie haben ganz klar verstanden, daß Frau und Mann weit von der Spitze der Evolutionsleiter entfernt waren. Die Menschheit selbst hat eine deutliche Vision dieser Abstufung geboten: Von primitiven Rohlingen, die sich nur für die Befriedigung ihrer physiologischen Bedürfnisse interessierten, bis zu den am höchsten entwickelten menschlichen Wesen, die imstande waren, diese Bedürfnisse für das Wohl ihrer Brüder und Schwestern zu opfern.

Deshalb finden wir in der Hierarchie des Bewußtseins Wesen aus hohen Schwingungsfrequenzen, die in Indien traditionellerweise als Devas bezeichnet werden. Dann gibt es Wesen, deren Schwingungsfrequenzen etwas langsamer sind, sie werden als Elementargeister bezeichnet. Unter ihnen gibt es einige, die ganz besonders langsam schwingen (wie etwa die Elementargeister von Belladonna, Tabak und Cannabis), sie gehören zu den mittleren und tiefen astralen Ebenen.

Manche Pflanzen sind für uns sehr beruhigend, weil wir dieses engelhafte Element dort spüren. Jede Pflanze manifestiert sich entsprechend der Natur ihrer Deva.

Ein Baum wächst entweder von einem Samen aus, oder er wird eingepflanzt. Wenn ein Samen nun zu sprießen beginnt, so ist dieses Wesen, das im allgemeinen weiß und durchsichtig ist, äußerst verwundbar. Aber es wird von der Liebe der Erdkräfte umgeben, die keine Form haben, die aber jahrhundertelang in allen Teilen der Welt von Künstlern und Dichtern als kleine alte Männer mit langen Bärten dargestellt wurden. Diese ›Gnomen‹ helfen dem Baum dabei, den schwierigen Geburtsprozeß zu überstehen. Sorgfältig lenken sie den kleinen Keim, so daß seine Spitze nicht gegen Steine stößt, sondern schließlich ins Sonnenlicht heraustritt. In diesem Augenblick haben die Gnomen nichts mehr damit zu tun. Von jetzt an übernimmt der Elementargeist der Pflanze die Regie... Es ist ganz ähnlich wie bei dem menschlichen Kind, wenn der astrale und ätherische Körper in Interaktion treten und zu funktionieren beginnen.

Der Elementargeist dieses Baumes wird ihm wie eine Kinderschwester beim Wachstum helfen, er wird sein Bestes tun, um die Gedankenformen all der Insekten in seiner Umgebung zu beeinflussen. Dieser Baum dehnt seine Wurzeln aus, baut seinen Körper aus der Erde auf, der er Mineralsalze entnimmt, genauso wie wir es tun. Es ist wie ein Gebet: Kleine ›Hände‹, die wir als Blätter und Zweige bezeichnen, werden ausgestreckt, und der Baum empfängt Leben von der Sonne, dem großen Bewußtsein, das die Liebe des Kosmos in lebensspendende Energie verwandelt. In diesem liebenden Licht wächst der Baum in unablässigem Gebet. Die Wissenschaftler werden Ihnen sagen, daß der Baum die Sonne für die Photosynthese braucht. Ich weiß es. Aber das ist kein Gegenargument. Ja, er braucht die Photosynthese, um seinen Körper zu erschaffen. Aber wie ist es jemals zu diesem Punkt gekommen? Was ist innerhalb des Baumes? Die Wissenschaftler werden es nicht wissen, da sie noch keine Instrumente haben, die für höchst subtile Ursachen sensibel sind, und deshalb können sie nur die Wirkungen messen. Wie der große Botaniker Chandra Bose einmal sagte: »Wenn Sie etwas über einen Baum wissen wollen, so müssen Sie zu einem Baum werden.«

Da ich eigentlich ein so pragmatischer Lehrer bin, klingen diese Beschreibungen der Natur vielleicht wie aus einem Kinderbuch, vielleicht klingen sie zu sentimental oder unwissenschaftlich. Ich habe Ihnen von den jüngsten Ergebnissen der Quantenphysik erzählt, und jetzt rede ich von Gnomen und dem Sonnenlicht als Liebe! Aber Sie sind inzwischen sicherlich imstande, auf alles in Ihrer Welt mit einer neuen Vision zu blicken. Wenn Sie mir gefolgt sind und all diese Erklärungen und Methoden für sich geprüft haben, so wissen Sie, daß die Dinge mit Sicherheit nicht immer das sind, als was sie erscheinen, und ich hoffe, daß Sie nach der Lektüre dieses Buches nichts mehr als wahr annehmen, bevor Sie nicht selbst den Beweis dafür gefunden haben. Ich kann nur den Weg weisen und einige Methoden für Ihre Experimente anbieten.

Zurück zu unserem Baum. Wenn er nun fest und stark geworden ist, so beginnt er, sich zu üben. Er schwingt mit dem Wind und bildet seine Muskeln aus, und dies sind all die Ringe, die innerhalb des Stammes sichtbar sind und jedes Jahr mehr werden. Es öffnet sich und dient den anderen Lebensformen, die in seinen Zweigen leben wollen. Die Aufmerksamkeit des Baumes ist dort oben, wo er der Vater ist, und er kümmert sich kaum mehr um alle seine Wurzeln.

Zur selben Zeit transformiert der Baum auch seine Sensibilität als Antenne. Warum als Antenne? Weil wir in einer geschlossenen Luftsphäre leben, in den Schichten der Atmosphäre, der Stratosphäre, der Ionosphäre, die alle nacheinander weniger dicht sind. Mutter Erde läßt die Luftmoleküle nicht entweichen... Alles wird zusammengehalten. So also befinden sich innerhalb dieses Luftgürtels, der die Erde bedeckt, auch alle Emissionen der Gedankenformen und Emotionen der Welt. Und das geht um den ganzen Planeten. Jeder hat bemerkt, daß Erfindungen, wenn sie erscheinen, im allgemeinen gleichzeitig in verschiedenen Kontinenten auftauchen... weil es in einem Medium, das durch Affinität und Syntonie funktioniert, keine Barrieren gibt.

Alle Gedankenformen, die mit einer gewissen Präzision und Energie erzeugt werden, verblieben für kurze Zeit als Eindrücke im Astralleib der Atmosphäre selbst. Eine Gedankenform, die eine elektronische Dichte hat, definiert oder formt das dichtere astrale Medium, das noch molekular ist, und wird dann von den Elementargeistern der Bäume wahrgenommen. Dies erzeugt das Erinnerungskapital der älteren Bäume, das wir Menschen anzapfen können.

Darin erscheint für sie auch die große Einheit des Kosmos, wo jedes lebende Wesen (wenn auch unbewußt) mit jeder anderen Lebensform verbunden ist. Eine ernsthafte Meditation über dieses Thema kann viele moralische Probleme lösen und gleichzeitig auch das erklären, was die Ungerechtigkeit unseres Schicksals zu sein scheint.

Mit den Bäumen sprechen

Aus dem geschlossenen System der Luft füllen sich die Bäume mit einer Weisheit an, die nicht egoistisch ist. Wenn Sie mit einem dieser weisen Wesen kommunizieren wollen, so müssen Sie als erstes zu einem Ort gehen, wo die Bäume sich noch nicht vor dem Lärm und Gestank in der Stadt verschlossen haben. Gehen Sie in einen großen Park oder hinaus aufs Land. Wenn Sie in Kalifornien sind, so versuchen Sie, die Redwoods zu besuchen. Einige von ihnen leben schon seit mehr als 3000 Jahren. Denken Sie nur, was sie alles wissen! Sie können überall einen Wald finden. Die Welt ist voll von wunderschönen Bäumen... Lassen Sie sich durch ihre Anziehung leiten.

Die beste Zeit, um mit Bäumen zu kommunizieren, ist bei Sonnenuntergang. Dann ist die Aktivität dieser interagierenden Welten der Ruhe am nächsten. Den ganzen Tag sind die Bäume ebenso geschäftig wie Sie und ich. Aber wenn sich bei Sonnenuntergang die Schatten der Bäume ausdehnen, wächst auch unsere eigene Sensibilität. Der Elementargeist des Baumes hat ebenfalls die Neigung, sich nachts auszustrecken und mit dem Wald um ihn herum in Beziehung zu treten. Wenn Sie eine Frau sind, so können Sie viel Liebe von einem Baum und von all den Wesen empfangen, die zwischen den Bäumen und Büschen leben. Die antiken Menschen sprachen mit Faunen, Nymphen, Elfen, usw. Das sind Namen für die verschiedenen Bewußtseinsweisen der Natur. Die meisten davon sind Yang (die männliche Polarität), der geringe Teil ist Yin (die weibliche Polarität). Die Bäume sind Yang und senden Liebe aus; sie sind im höchsten Maße durch weibliche Sensibilität (Yin) angezogen.

Lehnen Sie sich mit dem Rücken gegen den Baum und setzen Sie sich in jeder beliebigen Position auf den Boden, nur muß Ihr Rücken in Kontakt mit dem Baum sein. Beruhigen Sie als erstes Ihren Herzschlag, Ihr geschwätziges Gehirn, Ihre Emotionen. Entspannen Sie Ihren physischen Körper voll und ganz, bis Sie ihn vollständig vergessen haben. Dann stellen Sie sich vor (während Ihr Körper und Geist ruhen), daß Sie den Baumstamm umarmen und Ihre liebenden Gedanken dem weisen Wesen senden, das über Ihnen hochragt.

Seien Sie andächtig. Personalisieren Sie nichts. Senden Sie nur einfach Liebe, ein unpersönliches Gefühl aus, das jenseits irgendwelcher Schönheitsstandards liegt... eine ehrerbietige, weitreichende, kosmische Liebe für alle Manifestationen auf diesem Planeten. Dies ist ein Bewußtseinszustand, ohne den keine hohen außersinnlichen Kontakte aufgebaut werden können. *Es ist der Schlüssel, der die Seelen aller sichtbaren und unsichtbaren Wesen öffnet.* Die Lebensformen, die uns umgeben, können die unsrige nur wahrnehmen, wenn es eine Brücke, einen gemeinsamen spirituellen Nenner zwischen uns gibt. Und das ist ehrerbietige Liebe. Sie muß wahrhaftig sein... Sie darf nicht vorgetäuscht werden.

Nach einer Minute wird der Baum bemerken, daß an seinem Fuß ein Wesen voller Liebe und Respekt sitzt. Seine

Aufmerksamkeit ist normalerweise nicht dort unten, sondern immer oben in der Krone, weil sich dort die große Familie der Lebensformen in den Zweigen aufhält. Deshalb wird der Baum freudig überrascht sein, wenn er bemerkt, daß ein entwickeltes menschliches Bewußtsein versucht, mit ihm zu kommunizieren.

Es ist so ähnlich, wie wenn ein Hund seine Pfote oder seine Nase auf Ihren Fuß legt. Vielleicht lesen Sie gerade ein wichtiges Dokument, und plötzlich bemerken Sie, daß einer Ihrer Füße warm ist; Sie richten Ihre Aufmerksamkeit nach unten und sehen Ihren Hund. Dasselbe tut auch der Baum... Er fühlt mit einem Male eine vor Liebe warme Stelle. Und sein Bewußtsein wird sich nach unten richten. Meine Freunde, Sie können sich die Freude und Wärme und den Schutz, der Sie umgeben wird, nicht vorstellen. Dieses weise Wesen hat jahrhundertelang gelebt. Sie können jetzt ganz einfach in dieser Liebe baden. Senden Sie Liebe aus und empfangen Sie Liebe. Verharren Sie in friedlicher, aber scharfer Aufmerksamkeit.

Wenn Sie sich danach fühlen, stellen Sie dem Baum eine Frage, die Sie immer schon lösen wollten. Er wird sie unmittelbar beantworten... Nicht mit Worten, aber mit einer höchst exakten Welle, die Sie ganz unmittelbar informiert. Sie werden sie ganz plötzlich und vollständig erhalten, so, als ob Sie sich gerade an eine längst vergessene Tatsache erinnert hätten. Sie sehen also, daß die bewegungslosen Pflanzen, die auf unserer Ebene so hilflos sind, auf der astralen Ebene mächtige Akteure sind. Denken Sie daran, daß Ereignisse auf der astralen Ebene ausgebrütet werden, bevor sie überhaupt in die dreidimensionale Ebene übergehen. Kurz gesagt: Der Baum zapft die gesamte Weisheit an, die auf dieser Ebene schwingt, und Sie zapfen wiederum den Baum an. Aber es geht nur, wenn Sie diese Brücke der Liebe aufbauen.

Sie brauchen diese Vereinigung, diese Kommunikation nur ein einziges Mal zu erleben, um zu erkennen, daß Sie eine Tür zu einer unbegrenzten Erweiterung des Bewußtseins geöffnet haben. Diese erste Erfahrung ist eine so ehrfurchtgebietende Wirklichkeit, daß sie in Ihrem Geist alle analytischen Formen des Wissens klein erscheinen läßt, die normale menschliche Wesen für das Nonplusultra der Erkenntnis halten.

Es ist so ähnlich, wie wenn ein Mensch, der seit seiner Geburt blind war, plötzlich sehen lernt und die Wirkung unserer bunten Welt in sich aufnimmt.

Es wäre falsch zu glauben, daß dies eine Art sprachlich oder bildlich kodifizierter Botschaft ist. Diese Form der Kommunikation ist ganz anders... Sie *wird* zur Antwort auf unsere Frage und verschmilzt unmittelbar mit unserer Individualität. Mit anderen Worten: Wir wachsen in die Antwort hinein und reifen durch den betreffenden Umstand selbst. Es ist eine spontane Bewußtseinserweiterung.

Wenn Sie diese Übungen ernsthaft und sooft Sie nur können durchführen, so werden Sie allmählich eine Telepathie auch mit Wesen entwickeln können, die keine Gedankenbildschirme haben. Die Information läuft einfach durch. Und vergessen Sie nicht, daß unsere Mutter Erde auf die Vielfalt hinprogrammiert ist. Verschiedene Bäume haben verschiedene Bewußtseinszustände und verschiedene Elementargeister.

Die Magnolie ist der Körper eines sehr alten Elementargeistes. Die Magnolienbäume gab es schon vor dem Auftreten der ersten Dinosaurier oder zumindest gleichzeitig mit ihnen, vor etwa 400 Millionen Jahren. Wieviel Weisheit kann ein Bewußtsein aufnehmen und speichern, wenn es 400 Millionen Jahre als wunderschöner Baum überleben und blühen kann? Die meisten Pflanzen dieses Alters sind verschwunden oder in ihrer Größe geschrumpft. Somit ist dieser Baum also ein Wunder. Sitzen Sie voller Ehrerbietung und Demut neben ihm. Was können wir aus dem Wissensschatz dieses großartigen Wesens lernen? Wir brauchen keinen Computer in unserem Kopf, um verstehen, um kommunizieren zu können. Dies ist für Sie eine Chance, mit anderen Ebenen, anderen Dimensionen zu kommunizieren. Ein Mensch muß viel Liebe, Ehrerbietung und Demut entwickeln, um das zu tun. Nähern Sie sich den Bäumen bei Sonnenuntergang, wenn die Elementargeister zu atmen und hervorzukommen beginnen. Wenn Sie mit der üblichen Arroganz dieser Killerrasse hingehen, so werden sie sich voll und ganz verschließen, und Sie werden keinen Kontakt aufbauen können. Für Männer ist es leichter, mit kleinen schnellen Bächen zu kommunizieren, die Yin-Energie in sich tragen und voll von weiblichen Yin-Wesen, den Wassergeistern, sind. Gehen Sie zum Wasser, hören Sie auf zu denken, und empfangen Sie diese Wellenlängen. Stellen Sie sich vor, Sie hören einer Gruppe junger lachender und plaudernder Menschen zu. Auf diese Weise werden Sie die Aufmerksamkeit der Wassergeister auf sich ziehen, und wenn Sie dem Rauschen des Baches zuhören, wenn er über Steine und Moos läuft, so werden Sie die Geheimnisse der Weiblichkeit erfahren.

Ein Mann, der nachts tief in den Wald geht, wird Angst haben. Vielleicht beginnt er zu pfeifen, um seinen Mut nicht zu verlieren. Er wird das Gefühl haben, daß er an einem Ort ist, der ihm nicht gewogen ist. Weil all diese Waldgeister sehr maskulin, sehr Yang sind, wird zwischen einem Mann und ihnen eine Abstoßung wie zwischen zwei positiven Magneten sein. Aber eine Frau wird soviel Liebe spüren, daß die Erfahrung geradezu erotisch wird. Es ist ganz deutlich. Den Waldgeistern ist es gleichgültig, wie eine Frau aussieht... Es ist die weibliche Ausstrahlung, die sie anzieht. Sie empfangen viel von ihr, und sie geben viel.

Jede Spezies hat ihre eigenen Merkmale. Fichten sind erhabene saturnische Wesen, sie sind ruhig und puritanisch. Es gab sie schon vor und während der Zeit der Dinosaurier, sie haben auch die Entstehung des Homo sapiens miterlebt. Ihre Form hat sich kaum verändert. Der Geist eines lebenden Wesens, das so unfehlbar reif ist, ist ein Behältnis unendlicher Weisheit.

Der Orangenbaum ist ein heiteres freudvolles Wesen, das mit Vergnügen, Spaß, aber auch mit Geldangelegenheiten zu tun hat. Wir wollen nicht vergessen, daß Geld nur ein anerkanntes Symbol für Energieaustausch ist, das uns Freude, Sicherheit und oftmals auch wahrhaftiges Glück verleiht, also Spaß und Vergnügen.

Einer der mächtigsten Elementargeister, die mit uns Menschen kommunizieren, gehört zur Daturapflanze, die zu einem großen Baum heranwachsen kann. Die Datura kann ganz buchstäblich in wunderschöne Blüten ausbrechen, wenn eine intime und magische Beziehung zwischen dem Menschen und ihr aufgebaut wird.

Der weiße Lorbeer und die weiße Rose haben ein höchst engelshaftes Element in sich, die weiße Rose ist ein lebendes Symbol der kosmischen Mutter, des göttlichen weiblichen Prinzips und nimmt intensiv an den Freuden eines Haushaltes teil. Ich habe gesehen, wie ein weißer Rosenbusch mitten im Winter, mitten im Schnee drei Rosenblüten getrieben hat und mit dieser Anstrengung die Geburt eines langerwarteten und ersehnten Kindes feierte.

Die rote Rose drückt dasselbe, aber auf einer mehr körperlichen Ebene aus... Es ist menschliche Mutterschaft, weibliche Leidenschaft. Die weiße Rose kann den menschlichen Bewußtseinszustand heben, die rote Rose kann ein Menschenherz heilen, das in einer Liebesbeziehung ›gebrochen‹ wurde. Wir Menschen leiden unser ganzes Leben lang mehr an emotionalen Traumas als an physischen Traumas, und viele von unseren Schmerzen können durch die freundliche Bemühung eines mitfühlenden Elementargeistes geheilt werden, wenn wir wissen, wie wir uns ihm nähern können. Die Tuberose mit ihrem starken, süßen, nächtlichen Duft ist eine ganz besondere Pflanze. Wenn Sie die richtige Methode kennen, so kann ihre sanfte Wesenheit eine Brücke in die astrale Welt bauen, wenn Sie Ihre Geliebten, die aus der irdischen Ebene fortgegangen sind, besuchen wollen.

Durch Liebe und Respekt können normale Hauspflanzen wie Haustiere werden. Wenn sie ehrlich für ihre Schönheit gelobt werden, so werden sie ihr Bestes tun, um auch schön zu bleiben. Ebenso, wie sie höchst sensibel auf Lob sind, sind sie auch sehr kritisch gegenüber Besuchern. Wenn Sie jemals in einem Raum voller gesunder Pflanzen auf jemand gewartet haben, so haben Sie vielleicht ein Gefühl schweigender Aufmerksamkeit wahrgenommen: Die Pflanzen haben ihre Wachsamkeit auf die Qualität Ihrer Gedanken und Emotionen gerichtet.

Über Monate und Jahre hinweg nehmen die Hauspflanzen unsere astralen Schwingungen und die unserer Familie in sich auf. Wenn wir uns um sie gekümmert haben, so werden sie große Anstrengungen unternehmen, um unsere Schwingungen in den ihren zu verarbeiten und sie dann wieder zurückzugeben. Genauso wie sie uns Sauerstoff geben, den wir einatmen können, und dadurch unsere ganze häusliche Atmosphäre mit Energie laden, genauso können sie auch unsere Schwingungen energetisieren und reinigen. Sie versuchen, unseren astralen Output zu balancieren, da sie in Heiterkeit und Liebe gedeihen und in einer emotionalen Atmosphäre von Haß und Gewalt welken oder eingehen. Bei einem emotionalen Ausbruch krümmen sie sich geradezu aus Angst vor Zerstörung.

Wenn wir uns um sie kümmern, so entwickeln sie Abhängigkeit und Vertrauen in uns. Sie können eine Pflanze liebkosen, indem Sie zwei Zentimeter über den Blättern streicheln... So weit reicht ihre Aura. Sprechen Sie mit ihnen wie zu einem kleinen Hund. »Du bist so hübsch, du siehst heute so schön aus, laß mich den Staub von deinen Blättern reiben. Ich danke dir, daß du mir Gesellschaft leistest.«

Innerhalb eines Monats wird sich die Pflanze auf Sie zu bewegen. Das ist harte Arbeit für sie, da sie verlängerte Zellen erzeugen muß, um sich strecken zu können. Bewegen Sie sie nicht, beobachten Sie nur, wie sie sich in Ihre Richtung ausdehnt. Einige Blätter und Zweige werden dem Licht zustreben, aber ein Zweig wird auf Sie zuwachsen. Denn die Liebe, die Sie einer Pflanze geben, ist für die Pflanze ebenso wertvoll wie das Licht, das sie vom Fenster bekommt.

Licht ist Liebe. Diese Übung mit der Pflanze wird der *Beweis* dafür sein. Ich hatte einmal eine Pflanze, die in einem Fenster stand, und neben sie stellte ich eine kleine Bronze-Skulptur eines indischen Bodhisattva, die in Indien verehrt worden war. Und die Pflanze wandte ihre Zweige weiterhin dem Licht zu, um aus ihm Nahrung zu empfangen, zwei Zweige aber ließ sie zur Statue hinüberwachsen, und diese Zweige schlangen sich um sie, aber ohne sich auf sie zu stützen. Diese Statue war durch jahrhundertelange Anbetung von Ehrerbietung getränkt (Metall konserviert Energie) und strahlte auf dem unsichtbaren Spektrum genau diese Liebe und Lebenskraft aus, die die Pflanzen immer anzieht, nämlich das Licht.

Kosmische Ökologie

Denken Sie daran, daß schweigende Kommunikation jenseits allen rationalen Denkens liegt. Wir dürfen nicht erwarten, daß das rationale Denken Probleme löst, die *nicht* zum

Reich der Sinne gehören. Wenn Sie dem Verstand sagen, daß Sie jetzt zu einem Baum sprechen wollen, so stößt der Verstand ärgerlich hervor: »So ein Dummkopf. Das glaube ich nicht... Du bist vollständig verrückt.«

Und mit Recht. Der Verstand kann nur in quantitativen Begriffen über das Alter, die Höhe, Ausmaße des Holzes, usw. nachdenken. Unser rationaler Computer hat die Neigung, die Natur für ›blind‹ zu halten. Aber es gibt keine blinden Kräfte in der Natur. Alles, was manifestiert ist, alles, was wahrgenommen werden kann, besteht aus einem oder allen vier alchemischen Elementen: Erde, Feuer, Wasser, Luft. Und diese Elemente bauen auch unseren physischen Körper auf. In unseren Knochen sind Mineralien, also Erde. Wir bestehen aus Wasser. Bis hinab zu den kleinsten Zellen sind wir Hitze und Luft. Deshalb *sind* wir die Elemente. Nun ist sich aber alles, was sich manifestiert, seines Lebens und seiner Manifestation bewußt. Das heißt, alles hat eine bewußte Intelligenz und arbeitet im Stoffwechsel des ganzen Planeten zusammen.

Aufgrund unserer Beobachtungsweise nennen wir es Ökologie. Die gleichen Elemente arbeiten auch in unserer reduzierten Ökologie zusammen, die wir als Stoffwechsel bezeichnen. Deswegen *sind wir* durch das Prinzip der Identität *kosmisches Bewußtsein.*

Und nur unser begrenztes Wissen hat uns dieses Bewußtsein und diese Klarheit geraubt.

Denken Sie daran, daß Luft, Feuer, Wasser und Erde die physischen, wahrnehmbaren Körper der vier Elemente sind, und daß ihre Intelligenzen oder Seelen niemals sichtbar sind. Deshalb wurden in den antiken Kulturen, wie der griechischen, die Naturkräfte als Götter oder mächtige Geister illustriert und personalisiert. Aber unsere sogenannte pragmatische Kultur hat alles auf abstrakte Begriffe und chemische Interaktionen reduziert, in denen nur die *Folgen* sichtbar werden… Es geht immer nur um das ›Wie‹, aber höchst selten um das ›Warum‹.

Wenn Sie die Luft in jeder Ihrer Zellen erkennen, so werden Sie dadurch Teil der Luft auf der ganzen Erde. Es ist ein Austausch. Die Luft wandert durch Sie hindurch wie der Wind durch den Wald. Vergessen Sie die Dualität. Sie sind Luft. Und Luft ist Sie. Das wird Ihr Bewußtsein erweitern, denn es ist nichts Intellektuelles. Sie brauchen sich nicht vorzustellen, daß Sie Luft, Feuer, Erde oder Wasser sind. Sie sind es.

Wasser ist eine ungeheure Bewußtheit. Es ist überall. Es ist ganz leicht, uns als Wasser zu fühlen… Wir haben Speichel im Mund, Blut in den Venen, Flüssigkeit in den Augen. Wie die Luft bewegt sich auch das Wasser um die Erde in einem geschlossenen System, es verdampft und verdichtet sich wieder. Wo ist die Trennung? Sie sehen eine Wasserquelle. Sie sind selbst ein Hautbeutel mit Wasser darin. Dort drüben ist eine Betonmischmaschine, in der sich Wasser bewegt. Nur unser begrenzter Verstand schafft hier Trennungen. Das Ganze ist Einheit. Alle Elemente sind in einem Recycling begriffen, ob dies nun innerhalb unseres Körpers oder außerhalb stattfindet, sie werden ausgetauscht.

Mit der Luft ist es noch leichter zu verstehen: Atmen Sie einfach ein. Oder fühlen Sie sich eins mit dem Wind. Sie können spüren, wie er durch Sie hindurchweht… Sie werden zum Wind, Sie sind ehrerbietig, empfänglich, und alles paßt zusammen. Das ist ein explosiver Zustand… Es kann einem die Gänsehaut über den Rücken laufen lassen. Übrigens bestand die Macht des legendären Merlin darin, daß er alles *war*.

Wenn wir also die Elemente *sind*, so sind wir nicht isoliert. Hören Sie auf damit, sich auf Ihre Individualität zu konzentrieren, und gehen Sie in der Welt als Bewußtsein umher. Bei den amerikanischen Indianern heißt das: »Die Erde auf heilige Weise begehen.« Wenn Sie Ihre Aufmerksamkeit nur auf Ihre Individualität richten, so konzentrieren Sie sich auf Ihre Grenzen, Ihre negativen Aggregate, Ihre Bindungen und Konditionierungen. Werden Sie zum Teil des Großen Willens, der Sie zur Befreiung von der Form führt. Wir sind von Leben umgeben... von liebendem, offenem, wundervollem Leben.

Und wir müssen erst lernen zu kommunizieren, denn wenn wir Liebe und nützliche Gedankenformen von anderen Wesen empfangen, so können wir erkennen, daß wir nicht allein sein. Die ganze Welt ist voll von Wesen, die nur darauf warten, mit Ihnen zu kommunizieren. Und wenn Sie einmal den Kontakt hergestellt haben, so bleiben Sie einfach ruhig... Dann werden Sie spontane Offenbarungen erleben.

Es ist nicht schwierig zu verstehen, daß all die vielen Bewußtseinsformen des Kosmos (mit Ausnahme vielleicht der niedrigsten) unter unseren Problemen nicht leiden. Der größte Teil unseres Hasses, unseres Ehrgeizes, unserer Gewalt und Frustration, aus denen unsere astralen und mentalen Fahrzeuge bestehen, existiert in subtileren Lebensformen nicht. Formen des Bewußtseins, die sich auf dieser dreidimensionalen Ebene oder darunter manifestiert haben, sind die einzigen, die Hunger, Durst, zu große Kälte oder einfach zuviel Unglück verspüren. Wir sind die einzigen, die davon überzeugt sind, daß wir sterblich sind, und deren Herzen zerreißen, wenn unsere Geliebten sterben. Auf anderen Ebenen, die über der unsrigen liegen, erlebt niemals jemand diesen Alptraum. Und deshalb wollen sie uns alle nur zu gern helfen.

Und jetzt wissen Sie, daß Sie niemals allein sind. Gehen Sie nach innen, finden Sie Ihr eigenes inneres Schweigen.

Dienen und Mitgefühl

Geben ist seliger als Nehmen.

Chronik 20:35

Wenn man einem leidenden Wesen hilft, so sollte das ebenso spontan und instinktiv geschehen, wie man eine Hand schnell zurückzieht, wenn man etwas glühend Heißes berührt hat.

Alexandra David-Neel

Versuche wirklich zu dienen. Alle Macht kommt durch wirkliches Dienen.

Swami Paramananda

Das innere Schweigen ist Unterwerfung. Und das bedeutet, ohne ein Ego-Gefühl zu leben.

Ramana Maharshi

Der Mehltau der ›Lärmverschmutzung‹ quält unsere äußere Welt immer mehr, deshalb wollen wir ihm auf der tiefsten Ebene entgegentreten, indem wir jene undurchdringliche Stille in unserem eigenen Wesen entdecken und diesen Frieden an unsere Mitmenschen ausstrahlen.

Gayatri Devi

11

Dienen und Mitgefühl

An der Spitze der Hierarchie der katholischen Kirche steht der Papst. Sein Titel ›Pontifex Maximus‹ bedeutet wörtlich: der größte Brückenbauer. Seine Aufgabe besteht in anderen Worten also darin, einen begehbaren Übergang zu schaffen, auf dem die Menschen ihrem Schöpfer begegnen können. Auf der anderen Seite dieser ehrenvollen Medaille steht der andere Titel des Papstes, nämlich ›Servus servorum dei‹, und das heißt ›Diener der Diener Gottes‹. Dies ist die niedrigste und demütigste von allen Positionen.

Ganz gleichgültig, welche Meinung man über die organisierte Religion hat, und was die Menschheit mit diesen Lehren angestellt hat, kann man dennoch bestimmte offensichtliche Tatsachen nicht übersehen. Nach Jahrhunderten sind die Fußspuren der großen und seltsamen Botschafter noch immer vorhanden, sei es nun Buddha oder Christus. Es ist ganz offensichtlich, daß diese Wesen nicht um eines Profites willen gekommen sind. Die Profite, die von den Organisationen erzielt wurden, die sich um ihre Bemühungen gruppiert haben, sind eine andere Geschichte, und das interessiert mich im Augenblick nicht.

Aber warum sind diese entwickelten Wesen zu uns gekommen? Aus welchem Grund haben sie versucht, uns zu beraten, uns zu leiten und den menschlichen Schmerz zu erleichtern?

Die Antwort ist sehr einfach, vielleicht zu einfach für die meisten von uns: Um zu dienen. Um ›einer leidenden Menschheit‹ zu dienen, die mit immer den gleichen Fehlern ständig im Kreis zu gehen scheint. Oberflächlich gesehen sieht es so aus, und die geschichtlichen Daten erhärten diesen Eindruck. Und dennoch trifft dies nicht den Kern des Problems: Denn der Blickpunkt eines großen Bewußtseins, das eine solche Verantwortung übernimmt, liegt weit über dem historischen Horizont; ansonsten wäre es unmittelbar in die Geschichte verwickelt, und das wäre dann wiederum nur Politik.

Der Zyniker würde sagen: »Trotzdem, warum sollte sich irgend jemand damit abgeben, einem Rudel von wildwütig miteinander rivalisierenden Primitiven zu dienen, diesen reizbaren Affen, die dich zerreißen, wenn du ihren Weg zum Erfolg, zum Besitz und zur Macht kreuzt?«

Niemand hat jemals versprochen, daß das Leben leicht sein würde. Sobald unsere Kinder die schützende Schicht von Schule und Familie verlassen, müssen sie eine teilweise Versklavung akzeptieren oder in den Dschungel eintreten, wenn sie überleben wollen. Wie Rudyard Kipling es poetisch ausdrückte: »Es ruhe in Frieden, wer das Gesetz des Dschungels einhält.«… Und das Gesetz des Dschungels ist letztlich: »Fressen oder gefressen werden.« Und wir wissen aus Erfahrung, daß die Menschen und sogar unsere liebsten Mitmenschen nur solange lieb und nett sind, wie sie nicht beißen. Manchmal müssen wir uns tatsächlich fragen, wie wir es vor uns selbst rechtfertigen können, auch nur in irgendeiner Weise ›dienen zu wollen‹, wenn wir uns die vollständige Gleichgültigkeit, Aggressivität und Undankbarkeit der meisten Menschen vor Augen halten. Nun, das ist die Sicht vom Boden des Dschungels aus. Aber durch unseren

Wachstumsprozeß erlangen wir eine andere Sichtweise. Die Zeit ist der Feind der Durchschnittsmenschen, sie vermittelt ihnen das Gefühl, daß sie Gelegenheiten verpassen, die niemals wiederkehren, daß das Alter sich einschleicht, daß die Liebe verdampft und die Haare ausfallen, und damit hält sie die Menschen in Atem. Deshalb haben sie niemals Zeit für irgend etwas!

Wenn Sie aber innerlich wachsen, so verwandelt sich die Zeit in Kontinuität, und die Kontinuität dann in eine stabile Ewigkeit ohne Ränder oder Horizonte. Die Zeit wird wie die Autobahn... Sie ist immer da, und die Menschen eilen auf ihr auf und nieder, sie kommen und gehen, sie steigen von einem Fahrzeug ins andere um, aber sie bleiben dabei auf der Autobahn. Also zuerst einmal fühlt man sich von einer gewissen Heiterkeit durchdrungen. In gleichmütigem inneren Schweigen ohne Urteil, ohne Bewertung erscheint allmählich etwas sehr Universelles: Alles auf dieser Erde scheint nach oben zu streben. Alles wächst, sogar Kristalle. Jeder Grashalm schießt nach oben, aber auch der Sequoia-Baum, das Huhn und der Elefant, ebenso auch diese allem Anschein nach verrückte Menschheit mit ihren Häusern und Wolkenkratzern, Space Shuttles und Satelliten, kurzum, alles strebt im physischen oder moralischen Bereich nach oben. Und selbst wenn manche auf der Suche nach Gold oder Öl nach unten graben, so geschieht das letztendlich doch nur, um sich durch ihre Besitztümer über die Mitmenschen zu erheben. Wenn wir dann weitermachen und durch unsere inneren Kräfte Licht empfangen, so öffnet sich rund um uns ein umfassender Plan in all seiner Größe, wie eine Apotheose von Licht und Liebe. Es ist die Liebe und die Kraft des Lebens. Nein, das ist keine individuelle Liebe, die aus dem Verlangen entstanden ist, einem Verlangen nach Besitz oder auch dem mütterlichen Verlangen zu beschützen. Es ist eine kosmische, unpersönliche, allumfassende

Liebe, die die Tränen und Schmerzen des Wachstums, die Geburtswehen der Spezies zu umfassen scheint. Dann erst verstehen wir, daß es genau darum geht, dies ist der große Wille zur Befreiung von der Versklavung an die Form... Die Form, die unsere Essenz begrenzt, der Zerfall in tausenderlei fest definierte Grenzen, genauso wie geschmolzenes, schimmerndes Gold in die Gußform eintritt und dort zur Reglosigkeit erstarrt.

Wir sind die Schöpfer, wir haben an diesem großen Willen zur Freiheit teil. Wir sehen seinen Widerschein in Millionen von menschlichen Seelen, die durch die individuelle Schwäche und Angst vor Auflösung so beschränkt und so unbedeutend geworden sind. Und dennoch ist dieser Wille zur Befreiung auch dort. Er tritt maskiert auf: in kleinlichen politischen Komödien, historischen Dramen, in Idealen, Fahnen und Massakern. Aber im Herzen des Sklaven wie auch im Herzen des Propheten ist er immer gegenwärtig.

Im vorigen Kapitel haben wir über unsere Identität mit den vier Elementen des Kosmos, den Göttern unter uns gesprochen: Wasser, Feuer, Erde, Luft. Wir wollen dies noch einen Schritt weiterführen.

Unser Problem ist, daß wir uns mit unseren menschlichen Nöten und Sorgen identifizieren. Zum Beispiel mit dem Mangel. Wir haben einen Mangel an Geld, an Gesundheit, uns fehlt ein verständnisvoller Partner. Aber denken Sie daran, Sie existieren ja gar nicht in Ihrer Form, Sie sind ja nur eine Atomwolke. Nur, wenn Sie Ihre Aufmerksamkeit darauf richten, sind Sie in dieser Welt. Identifizieren Sie sich also mit den Dingen in Ihrem Inneren, die nicht menschlich sind. Die Elemente haben nie irgendwelche Probleme... ihnen fehlt nichts. Die Elemente sind frei. Wenn wir in ihren Bewußtseinszustand eintreten, wenn wir erkennen, daß wir sie sind, so werden wir frei, und auch uns wird dann nichts mehr fehlen.

Natürlich werden wir als Menschen in unserer Gesellschaft sagen: »Halt! Und was ist mit dem Geld, der Wohnung, der Nahrung, den Autos? Die Elemente brauchen nichts davon, aber wir müssen sie besitzen, um zu überleben.« Natürlich ist das so! Und dennoch ist eine Haltung, die sich nur mit einem ›Mangel‹, einem ›Fehlen‹ beschäftigt für unseren materiellen Gewinn höchst schädlich, denn sie *engt uns ein.* Eine solche Haltung erweitert nicht das Bewußtsein, das aber wäre nötig, um günstige Energien für den Erfolg anzuziehen. Deshalb sollten wir die Gegenwart der Elemente spüren, so etwa wie die Luft frei durch unsere atomaren Muster weht (die wir als eine in ihrer Form begrenzte Individualität visualisieren)... Und das wird unsere Wahrnehmung der Welt heben und uns erlauben, auf unserem Weg kühn vorwärts zu gehen.

Alles, was diese Elemente nicht sind, alles, was menschlich ist, ist eine Speicherung, eine Ansammlung von konditionierten Automatismen. Sich mit den Elementen verwandt fühlen heißt Macht und Kraft haben, es ist die Fähigkeit, sich in die uns umgebenden Formen auszudehnen, Teil von allem zu sein. Das ist die gemeinsame Schwingung oder Syntonie, es ist die Liebe. Diese Kraft ist vorhanden, um zu dienen.

Wenn wir das Gefühl der Dualität verloren haben, sind wir mit allen Menschen, mit allen sichtbaren oder unsichtbaren lebenden Wesen in einer einzigartigen umfassenden und konstitutiven Einheit verbunden. *Sie sind wir, wir sind sie.* Das natürliche Verlangen, Leiden oder niedrige Schwingungen und Dunkelheit zu vermeiden, erzeugt ein Streben nach hohen Schwingungen, Licht und Glück. Aber wenn man dieses Licht erlangt, so erzeugt dieses eine *Verantwortlichkeit* gegenüber denjenigen, die in der Dunkelheit verblieben sind. Wenn man innere Macht gewinnt, so erzeugt dies Verantwortlichkeit, denn mit der neugewonnenen Kraft muß man erst umgehen lernen. Diese Verantwortlichkeit heißt *Dienen.* In jeder Tätigkeit kann man einen Faden des Dienens auffinden. Wenn Ihnen diese Tatsache immer bewußter wird, so werden Sie in allem, was Sie tun, das Dienen entdecken.

Dienen ist der Weg ›nach oben‹, eine Möglichkeit, um an dem Drang all dessen teilzuhaben, was wächst. Mit dem goldenen Faden des Dienens kann man eine Leiter bauen und ein Teil dieser nach oben strebenden Dynamik werden.

Wir müssen überall dort dienen, wo wir gerade sind. Uns allein in eine Höhle zurückzuziehen, heißt 3000 Jahre in die Vergangenheit zurückzugehen. Sie sollten vielmehr zu Hause oder in einem Großstadtdschungel dienen, wo Sie sich eben gerade befinden.

Und versuchen Sie nicht, nach der Art eines Taxameters Ihre Dienste aufzuzeichnen. Niemand ›dort oben‹ zählt mit. Jedes Mal, wenn Sie einen Akt des Dienens vollziehen, so ist es ein unsterblicher Akt, und er zieht Sie unweigerlich nach oben. Es ist ganz einfach ein kindischer Aberglauben, daß es ›dort oben‹ einen himmlischen Buchhalter gibt, der Ihre guten Taten zusammenzählt, genauso wie Ihre Mutter ein paar Pfennige in Ihr Sparschwein steckte, wenn Sie brav waren. Vielmehr geschieht folgendes: Jedesmal, wenn Sie irgend etwas geben, erweitern Sie Ihr Bewußtsein, Sie ›entdichten‹ sich und gehen auf der Frequenzleiter zum Licht einen winzigen Schritt aufwärts.

Sie brauchen sich nicht mit dem Dienen zu identifizieren oder darüber sprechen. Es ist besser, wenn Sie Ihren Mund halten und einfach nur lenken, lieben und sorgen. Und die gute Nachricht ist wie folgt: Wenn Sie Möglichkeiten zum Dienen erwarten, so kommen immer mehr, höhere und leichtere.

Das Schweigen ist beim Dienen eine große Hilfe. Je mehr Sie fähig sind zuzuhören, um so mehr können Sie helfen…

Die Energie entweicht, wenn Sie sprechen. Und wenn Sie eine innere Heiterkeit erlangt haben, so werden Sie anderen nur durch Ihre bloße Anwesenheit helfen. Wenn Sie Ihren inneren Lärm zum Schweigen gebracht haben, so werden Sie eine schnelle, klare Sicht auf alle menschlichen Situationen entwickeln, Sie werden fähig sein, mit Großzügigkeit und Mitgefühl tatkräftig nach außen zu treten.

Mitgefühl

Wenn Sie einmal all diese Schritte zurückgelegt haben und den Turm des inneren Schweigens erreicht haben, so werden Sie dort unten die Mächtigen, die Gewalttätigen, die Gebildeten und die Narren sehen, wie sie alle lärmend nach Aufmerksamkeit verlangen. Aber schauen Sie genauer hin. Sie sind nur Kinder, Kinder, die Masken tragen. Die Generäle und Clowns, Präsidenten und Taufpaten, sie entstammen alle derselben Gußform des Homo sapiens... Mit all ihren Beschränkungen, Träumen und ihrem letztendlichen Tod. Dem unablässigen kosmischen Gesetz ewiger Wiederkehr unterworfen, durch Schmerz, seltene Freuden und Tränen bis in ihre elementaren Bestandteile geknetet und gewalkt, ohne einen Faden der Erinnerung, der sie vor dem Fall in die Vergessenheit rettet, kehren sie immer und immer wieder, wie die Blätter auf den Bäumen hervorsprießen, um schließlich im Herbst herabzufallen und dann zertreten zu werden.

Aus Ihrem inneren Schweigen, daß Sie hartnäckig durch Ihre steigenden inneren Kräfte hergestellt haben, und aus einem seligen Frieden wird schließlich die Blume des Mitgefühls erblühen. Mitgefühl ist nicht herablassendes Mitleid. Das Wort selbst stammt von den lateinischen Wörtern ›cum‹ (mit-) und ›passio‹ (Leiden, Gefühl). Es bedeutet also

Mit-fühlen, Mit-leiden. Dieser Bewußtseinszustand ist das Ergebnis eines ganz bestimmten inneren Wachstums. Es entstammt der Weltanschauung des Weisen und wird Urteil und emotionales Verlangen durch menschliche Gerechtigkeit ersetzen.

Was gibt es denn zu beurteilen? Was gibt es zu verurteilen? Unsere Väter und Mütter sind das gewesen, was sie waren. Auch unsere Großeltern und Urgroßeltern... usw. durch den ganzen Stammbaum unserer Rasse. Jede Zelle, jede Bewegung des Blutes, jede Synapse des Gehirns hat Umstände aufgebaut, die uns hierhergebracht haben, an diesen Ort, zu dieser Zeit, unter diesen Umständen und in einem Leben, das mit dem Leben anderer Menschen in denselben Umständen verwoben ist. Wenn diese Fäden sich miteinander kreuzen, unter- und übereinanderlaufen, wenn die Farben aufeinander treffen, so können Sie sich ein Muster vorstellen, in das Millionen von Leben eingewirkt worden sind. Der Umlauf der Wiederkehr ist für unsere irdische Sichtweise viel zu groß. Aber von einer höheren Ebene des Verständnisses kann man sehen, wie das Muster immer dunkler und dunkler geworden ist.

Schauen Sie einmal all die anderen Fäden an, wie sie hereinkommen. Schauen Sie, was geschehen wird. Gibt es denn irgendeine Möglichkeit des Urteils? Wenn eine Katastrophe eintritt, so sind wir von Schrecken erfüllt. Aber sie ist bereits eingewebt gewesen, sie war bereits auf Kollisionskurs, seit undenklicher Zeit war es schon vorbereitet. Manchmal sehen wir unsere Mitmenschen in unausweichlichen Situationen gefangen, und diese Unausweichlichkeit liegt in ihrer Unwissenheit um den Strom des kosmischen Willens... Und an diesem Punkt setzt unser Mitgefühl ein.

Mitgefühl zu empfinden ist die Grundlage für unsere Menschlichkeit. Handeln, Tun, Kommen und Gehen, Spaß haben, Weinen, alles mögliche, was man im Leben so tun kann, wird uns nur vorbereiten. All das zu tun, wonach man sich gerade fühlt, ist für die Manifestation eine notwendige Voraussetzung. Aber wenn Sie die Neigung haben, zu verurteilen, zu verdammen, so sollten Sie Ihr Bewußtsein auf die Ebene des Mitgefühls bringen. Denn diese Welt ist wirklich und tatsächlich ein Tränental, und nur durch Mitgefühl und Dienen werden Sie sich über die Grenzen und die negative Teilhabe an dieser Welt erheben. Nur durch gemeinsames Leiden können Sie verstehen, was ein anderes Individuum braucht.

Durch gemeinsames Leiden können Sie herausfinden (wenn Sie wachsam und innerlich von den Geschehnissen distanziert sind), wie Sie Ihren Mitmenschen helfen und Ihre Augen zu den Sternen richten können. Und wenn es Ihnen gelingt, einen anderen Menschen dazu zu bringen, die Frage nach dem ›Warum?‹ zu stellen, so haben Sie ihn auf den Weg zur Weisheit gesetzt.

Für den, der vorbereitet ist, für den Eingeweihten, erscheinen und verschwinden menschliche Leben wie Blasen auf kochendem Wasser. Aber von der Mehrheit der Menschen dort unten im Tränental ertönt die Frage: »Warum müssen wir durch diese Hölle gehen, wenn wir doch nur wieder dorthin zurückkehren, woher wir kamen? Ist das nicht alles ein tragischer Scherz?«

Aber sie wissen nicht um die Wirkungsweise. Diese irdische Ebene ist sehr verdichtet... Vielleicht ist es nicht die dichteste, aber noch immer dicht genug, um Hindernisse zu erzeugen, die unsere Fähigkeit beweisen, auf allen anderen Ebenen der kosmischen Wirklichkeit zu funktionieren... wenn wir einmal gelernt haben, sie zu überwinden! Wenn Sie die Hindernisse hier auf Erden überwinden können, so werden Sie dort oben keine Hindernisse mehr finden. Unser Universum ist ein Universum voller Hindernisse. In höheren Universen ist das jedoch nicht der Fall. Wie ein Perltaucher sich mit seinem Schatz vom Meeresboden abstößt und zum Sonnenlicht empor steigt, zu dem er gehört, so werden auch Sie zu Ihrem Wesen zurückkehren, und dieses Ihr Wesen ist kosmische, unpersönliche Liebe.

Die Nabe des Rades

Genauso wie es von der Erfahrung des Wachzustandes aus in den Trauminhalten keine Wirklichkeit zu geben scheint (obwohl die Gegenstände während des Traumes greifbar und fest zu sein scheinen), erscheint uns diese Welt materiell, in Wirklichkeit ist sie aber reines Bewußtsein.

Das höchste Yoga

Wir sind der Spiegel, aber auch das Antlitz in ihm.
Wir schmecken jetzt in diesem Augenblick den Geschmack der Ewigkeit.
Wir sind Schmerz und doch auch das, was unseren Schmerz auch heilt.
Wir sind das süße kalte Wasser wie auch der Krug, aus dem es fließt.

Rumi

Du existierst in diesem Augenblick auf vielen Ebenen gleichzeitig. Der einzige Grund dafür, daß du von deinen anderen Identitäten nicht weißt, liegt darin, daß du sosehr an diese gebunden bist… Laß alles zusammenstürzen, erwache voll und ganz.

Ramdass

Du bist das, wonach du suchst.

Nisargadatta

12

Die Nabe des Rades

Was ich Ihnen im folgenden vermitteln werde, ist ein ›Blick hinter die Bühne‹, ein Blick auf die Phänomene von Leben und Tod. Vielleicht wird es sehr schwierig sein zu folgen, aber Sie werden dadurch eine weitere Sichtweise gewinnen, die dem Kern des Problems, wie Menschen es sehen, näher ist.

Wir wollen uns erinnern, daß alles, was wir erfahren, durch unser Bewußtsein geschieht. Wir denken/fühlen immer. Wir illustrieren immer, wir lokalisieren immer. Wenn wir einen Klang hören, so liegt das daran, daß unser Bewußtsein ihn wahrnimmt. Die Reize, die wir empfangen, verbinden wir und verkleiden wir immer mit Gedanken, denn ohne Bilder können wir nicht denken. Unser Denkprozeß hat sich mit den Sinnesorganen entwickelt, mit denen wir geboren wurden und endet mit der Zerstörung dieser Organe beim Tod, und dann wird *diese* Art des Denkens abgeschlossen.

Wir denken auch auf der astralen Ebene oder in der Traumwelt. Der Denkprozeß kommt bei der Geburt, dem Augenblick der Verdichtung, an die Oberfläche und kehrt schließlich dann dorthin zurück, wo er immer gewesen war, in eine Art unterbewußten Wahrnehmungszustand… den Tod. Die Matrix unserer Wirkungsweise, unserer Mechanik ist immer gegenwärtig: Die Matrix, der jede Zelle bei der

Bildung des Kindes folgt, die Matrix dessen, was in periodischen Abständen durch Wiederkehr und Verdichtung zu einem Gehirn wird und von neuem mentale Empfindungen erzeugt.

Versuchen Sie, die für Sie höchste mögliche Gedankenebene zu erreichen, und meditieren Sie über das folgende Bild: Wenn ein Filmprojektor einen Film zeigt, so wandern die Strahlen der Projektion durch die Luft, die keinen Widerstand bietet. Oder aber sie gehen durch Rauchschwaden im Raum, und wir beginnen dabei bereits etwas zu sehen, weil Rauch einen Teil der Strahlen abschirmt. Dann schließlich sehen wir die Strahlen auf einer Wand oder einem Schirm, und dort nehmen sie genaue Formen an, oder sie bewegen sich.

Was ist geschehen? Wenn Gedankenformen durch verschiedene Verdichtungen projiziert werden, entsteht Objektivität aufgrund eines *Hindernisses.* Die Projektion des Filmes kann nicht durch das Hindernis des Bildschirmes dringen. Auf dem Bildschirm haben wir Objektivität, aber in dem raucherfüllten Raum haben wir nur vage Bilder. Das ist eine molekulare Ebene. Die astral/molekulare Ebene ist vage und verschwommen für all diejenigen, die nicht genügend vorbereitet sind und denen die Wachsamkeit fehlt, sich umzudrehen und zu *erkennen, daß die Projektion sie selbst darstellt, und zwar von einem Zentrum aus, wo der ganze Film bereits in der Dose ist.*

Denken Sie einmal darüber nach. Der Anfang des Filmes, die Mitte und das Ende des Filmes… alles, was darin vorkommt: Ursachen, Wirkungen, Gerechtigkeit, Ungerechtigkeit, Grausamkeit und Güte: das alles ist in der kleinen Metalldose. Und wenn es durch sehr dünne Luft projiziert wird, kann man nichts wahrnehmen; in einem verrauchten Raum aber beginnt es sichtbar zu werden; und wenn es auf eine sehr dichte Ebene trifft, so wird es real. Aber welche Realität hat das alles denn, außer seiner eigenen Dynamik, wo Zeit und Raum erschaffen werden? Der ganze Filmstreifen hatte in sich bereits Anfang, Mitte und Ende, sei es nun ein Happy oder ein Unhappy End.

Das müssen wir uns also als die Nabe des Rades Samsara vorstellen, des Rades von Leben und Tod. Von der Nabe gehen die Speichen aus und halten die Felgen in ständiger Rotation. Dieser Seinszustand, diese Nabe, von der aus die Projektion stattfindet, macht aus jeder verschiedenen Ebene, auf der Projektionsstrahlen unterbrochen werden, verschiedene *Realitäten*, verschiedene *Wirklichkeiten*. Die eine ist verschwommen, es ist das Schattenland. Eine andere ist ganz präzise: Wir nennen sie real. Aber Realität ist weder das eine noch das andere, noch etwas Drittes. Die Realität ist dort in der Metalldose, wo Anfang und Ende *koexistent*, und deshalb gleichzeitig sind.

Unsere rationale Maschine hat große Schwierigkeiten, etwas zu verstehen, was weder Anfang noch Ende hat. Und dieses unser Rad ist ein endloses Weiterdrehen, und deshalb hat es *wirklich* keinen Anfang. Der Anfang ist nirgendwo, das Ende ist nirgendwo. Es ist wie bei den Sternen: Welcher ist der Zentralstern des Kosmos? Das Zentrum ist überall, die Peripherie nirgendwo. Und das ist unsere Situation. Bitte meditieren Sie auf das Zentrum, auf die Nabe des Rades, den ewigen Umlauf, der in allen Aspekten immer gegenwärtig ist. Denken Sie daran, daß die Filmprojektion nur dann Objektivität liefert, wenn sie auf ein Hindernis trifft. Rauch oder Nebel fängt einen Teil auf und läßt den Rest passieren: So entsteht ein verschwommenes Bild. Eine weiße Wand oder ein Bildschirm läßt nichts mehr durch. Auf dieser Ebene erscheint dann alles als real. Versuchen Sie zu verstehen: Sie sind nicht auf der Ebene der Wand, vielmehr können Sie auf die Wand blicken. Sie sind nicht auf der Ebene des rauchigen Nebels, der zu einer Art von beweglichem

Schirm wird. *Sie sind am Zentrum der Projektion, bewegungslos, Sie projizieren die Erfahrung des Kosmos.*

Versuchen Sie vorerst einmal noch nicht das *Warum* herauszufinden. Ihr rationales Labyrinth wird Sie in Verwirrung bringen. Die Bedeutung dieses ewigen Warum besteht darin, daß sie uns in Berührung mit einem Teil der menschlichen Erfahrung bringt, die wir eigentlich eher als vormenschlich bezeichnen könnten. Einiges davon kann nur ›gefühlt‹, aber nicht analysiert werden, wie es beispielsweise durch die Symbolik des Ostens in der alten Legende vom Traum des Brahman ausgedrückt wird. Die Sage spricht vom Tag und der Nacht des Brahman, die zwar ein Kalpa (4,3 Millionen Jahre) andauert, das aber nur ein Augenzwinkern vor der Ewigkeit ist. Dieser kurze Traum ist der Zeitraum *unserer* Manifestation. Wenn Brahman erwacht, so verschwindet es genauso, wie »der frühe Morgennebel im strahlenden Licht der aufgehenden Sonne«. Mit anderen Worten, es hat niemals existiert!

Um das Ganze noch klarer zu sehen, müssen wir nun mit neuen Ohren unsere westliche Legende über den tragischen Fall des Erzengels hören. *Es ist niemals ein Fall gewesen.* Es war ein bewußtes Herabtauchen, ein willentliches Herabtauchen durch den Lichtträger Luzifer, der dann später als der arrogante, der trotzige Erzengel bezeichnet wird, er, der es wagt, das göttliche Gesetz herauszufordern. In der Legende stellt Luzifer unsere menschliche Seele dar, die gegen die ständige Wiederkehr und neuerliche Manifestation rebelliert, gegen den ›Rhythmus des Herren‹..., und darin tönt das Echo der Kalpas und Äonen aus Brahmans Traum wider. Luzifer tauchte in die Verdichtungen herab, wo er mit den Hindernissen arbeiten konnte, um Freiheit zu erlangen, um nicht immer und immer wiederkehren zu müssen... um größer zu werden als die Götter, die sich aus den Beschränkungen der Form, aber nicht aus der ewigen Wiederkehr befreit hatten. Aber im Laufe von Jahrtausenden beständigen Leidens sind nur einige wenige, die, die ›guten Willens‹ sind, ewig und frei geworden und konnten aus diesem Zustand ihr Mitgefühl ihren Brüdern und Schwestern senden, die noch immer inmitten der Illusion befangen waren.

Wenn einer von denen, die ›guten Willens‹ sind, schließlich die Ebene kosmischer Einheit erreicht, so rechtfertigt er (man könnte auch sagen: heiligt er) in diesem einen Augenblick seiner Erleuchtung all die Millionen von Seelen, ohne die er nicht auf Erden erschienen wäre. Reich oder arm, niedrig oder mächtig, sie hätten umsonst gelebt, geliebt und geweint, wenn nicht dieser letzte Zweig ihres Stammbaumes aus der angehäuften Summe ihrer Freuden, Hoffnungen und Leiden hervorgesprießt wäre und die Blüte der Befreiung ans Licht gebracht hätte. Wie ein Donnerschlag in einem einzigen Augenblick, in genau dieser Sekunde alle Verbindungsglieder dieser Kette von menschlichen Wesen trifft, die bis dahin eine anonyme Menge waren, so können sie nun von allem Karma erlöst werden, in welchem Zustand der Manifestation sie in ihrem Zyklus der Wiederkehr auch immer gewesen sind. All ihre Handlungen, Lieben oder Verbrechen, die bis zu diesem Augenblick dem Anschein nach von blinden Leidenschaften erzeugt worden waren, sind nun voll und ganz und in aller Ewigkeit als die unverzichtbaren Bausteine für die Geburt eines befreiten Wesens gerechtfertigt.

Wenn Sie das Tor des inneren Schweigens passiert haben, so können Sie vom höchsten Gipfel der Intuition (und nur von dieser Ebene aus) das Panorama des menschlichen Leidens und das Herabtauchen des Luzifer betrachten. Dann werden Sie die letztendliche Antwort auf die ewige Frage des spirituellen Menschen finden: »Warum muß ich durch diese Hölle gehen, wenn ich schließlich doch nur dorthin zurückkehre, woher ich gekommen bin?«

Und die Antwort schwingt mit dem Glanz der Offensichtlichkeit durch den Kosmos: »Wenn ich ein großes Gewicht heben kann, so kann ich natürlich auch ein leichteres heben… Wenn ich diese verdichtende Energie meistern kann, so werde ich frei sein von den Begrenzungen der Götter und ihren Zyklen. Dann kann ich dienen, verwandeln und erleuchten.«

Das ist die Bedeutung dieser Legenden. Durch die Erhabenheit ihrer Symbole können wir *fühlen,* was wir auf unserer rationalen Ebene nicht klar *sehen* können.

Wir wollen nun wieder zu dieser rationalen Ebene herabkommen, zu der Erklärung des Projektionsbeispiels. Das Wichtige dabei, daß Sie sich selbst im Zentrum fühlen, direkt an der Linse: Von dort aus können Sie die verschiedenen Situationen auf verschiedenen Ebenen der Verdichtung beobachten, Sie stellen fest, daß Sie zur Mauer hingehen, sich an dem Bild erfreuen können, gleichzeitig aber wissen, daß es eine sehr relative Art der Wahrnehmung ist.

Befreit euch von der Illusion der Objektivität als Realität. Es ist nur eine von vielen Realitäten. Wir leben in ihnen allen, aber *gleichzeitig.* Wir fühlen und leben und erfahren diese verschiedenen Realitäten und Wirklichkeiten zur selben Zeit.

Wenn Sie eine Tendenz haben zu vergessen, so erinnern Sie sich nur an ein Bild: Die Spule, die den Film in all seinen Einzelheiten enthält, ist vollständig. Alles, was als Bild nach draußen gelangt, ist eine Projektion, die auf jeder verschiedenen Ebene der Verdichtung auf einen Widerstand trifft, bis sie schließlich auf der Mauer oder einem Bildschirm endgültig aufgehalten wird. Dies ist eine Kondensation von Atomen, die die Photonen nicht durchlassen wird. Denken Sie daran: Die Projektion ist dieselbe Manifestation auf verschiedenen Ebenen. Keine dieser Ebenen ist realer als eine andere. Eine Wand ist ebenso real wie ein Rauchschirm, jeder in seiner eigenen Art. Wir erfahren beide genau in der Art, wie wir uns darauf konzentrieren. Denken Sie daran, und Sie werden einen großen Schritt vorwärts gemacht haben: In der Auflösung der Objektivität und der Erkenntnis auf verschiedenen Ebenen der Existenz.

Die nun folgenden Zeilen werden unsere mentalen Beschränkungen verdeutlichen: Wir alle leben, handeln und erfahren *gleichzeitig*, wie ich bereits erklärt habe. Wir können fahren, schauen, bewundern, Süßigkeiten essen, Konversation betreiben, die Hand einer geliebten Person halten, Musik hören und die Meeresluft riechen... Alles gleichzeitig. Aber wie Sie sehen, muß ich mir Zeit nehmen, wenn ich das beschreiben will, denn mein Verstand, mit dem ich denke, kann mir in keiner Weise ein gleichzeitiges Bild liefern. Er kann nur in Abfolgen denken, so etwa wie die Szenen eines Filmes. Wie unmöglich ist es doch, daß das Ende eines Krieges schon vor seinem Beginn existiert! Wir können es ebenso wenig verstehen, wie wir uns am Gürtel in die Mitte des Raumes erheben können. Die Mechanik des Denkprozesses erlaubt es nicht, und wir können eben nur entsprechend der Mechanik unseres Gehirns denken.

Behalten Sie es trotzdem als Möglichkeit in Ihrem Bewußtsein, als eine Realität, an der Sie ständig und heftig zweifeln werden. Das ist gut so. Der Verstand *wirft sich* mit aller Gewalt gegen diese Dinge, und genau das sollte er auch, denn damit beweist er sich selbst, seine Fähigkeit, innerhalb seines eigenen Mediums Widerstand zu leisten. Aber wenn wir schließlich jenen Bewußtseinszustand erreichen, in dem der ›Wassertropfen‹ (›Ich bin‹) den ›Ozean‹ (den Kosmos selbst) in sich aufnimmt, dann kann selbst unser Verstand begreifen, daß die Ausdehnung von Bewegung durch Dauer (Raum und Zeit) sinnlos ist. Warum aber erscheint es so hier in dieser dreidimensionalen Welt? Wegen des Instrumentes, das kosmische Impulse empfängt und übersetzt, das sie filtert und wie ein Computer organisiert, aber eben innerhalb seiner eigenen Grenzen.

Das ist manchmal eine Vision, die einem das Herz brechen könnte. Wir glauben gern, daß wir die kosmischen Impulse auf der Ebene ihrer Manifestation beeinflussen können. Aber jegliche Veränderung kann nur auf der Nabe des Rades bewirkt werden, genauso wie jede Veränderung auf dem Film, die nur zu der Zeit gemacht werden kann, zu der er gedreht wird. Später wird die Geschichte dann immer dieselbe sein, ganz gleichgültig, welches ›Hindernis‹ zur Projektionsfläche wird.

Betrachten Sie dies also als eine Möglichkeit jenseits des rationalen Verständnisses, und dann wird Ihnen aufgehen, daß es einen Weg gibt, der in unablässiger Synthese all die Unterschiede absorbieren wird, die wir noch immer als Ursache und Wirkung in dem einen überwältigenden Seinszustand sehen: »Ich Bin Der (Die, Das) Eine, Das Ist.«

Epilog

Verweile in Frieden, während dein Verstand ruhig ist. Ruhe in innerem Schweigen. Sei frei von allen geistigen Perversionen und von dem täuschenden Farbüberzug der Illusion. Verbleibe zufrieden in deinem eigenen Selbst. Verbleibe in einem weiten Zustand im Selbst, weit wie der volle Ozean.

Das höchste Yoga

Wandere ohne Angst, iß, was du essen mußt. Wachse, wo immer du kannst, wie der Mönch auf der Straße, der ganz genau weiß, wie verletzlich er ist, der unter den Menschen, die den Tod vergessen, keinen Trost annimmt, und der seine Vision von Weite von Macht in seinem Umhang mit sich herumträgt wie eine lebendige Kohle, die ihn weder brennt noch wärmt, von der er sich aber nicht trennen wird.

Annie Dillard

Ihr Denken ist ruhig, ruhig sind ihre Worte und Taten, wenn sie durch wirkliches Wissen Freiheit erlangt hat, wenn sie auf diese Weise zu ruhigen Menschen geworden sind.

Buddha

Wenn das Wasser seine Klarheit aus der Stille bezieht, um wieviel mehr die Fähigkeiten des Bewußtseins! Das Bewußtsein des Weisen, wenn es ruht, wird zum Spiegel des Universums.

Chuang Tzu

Epilog

Ich möchte Ihre Begriffe von Wirklichkeit erschüttern, aber ich möchte trotzdem nicht den Eindruck vermitteln, daß es dort draußen nichts gibt. Im Gegenteil, es gibt eine ganze Menge. Aber indem wir von der Wahrnehmung unserer fünf Sinne zu vieldimensionalen Wahrnehmungen übergehen, können wir unser Bewußtsein durch viele Ebenen voranbewegen. Nehmen Sie beispielsweise das Meer. Sie können es sehen, riechen, schmecken, berühren, hören… Die fünf Sinne sind dabei alle in Aktion. Und auf diese Weise nehmen Sie das Meer wahr, eben als Wasser. Aber wenn Sie es als Energiefeld wahrnehmen könnten, wenn Sie noch ein weiteres Sinnesorgan hätten, das durch das Energiefeld des Ozeans beeinflußt würde, was würde dann geschehen? Wenn Sie sich an diesen Ozean der Energie anschließen würden, so würden Sie unmittelbar mit diesem magnetischen Feld des Ozeans und seiner elektronischen Schwingungsenergie eins werden. Mit Lichtgeschwindigkeit würden Sie dann alles voll und ganz wahrnehmen, wissen und sein, was das Meer betrifft. »Das funktioniert nicht«, werden Sie sagen, »ich sitze noch immer auf diesem Kissen. Ich kann es fühlen, also hat sich mein Körper nicht bewegt. Dieses ganze Gerede von der Überschreitung unserer Sinnesgrenzen ist einfach nur ein Spiel der Imagination.«

Ich möchte versuchen, dieses geistige Feedback für Sie aufzulösen: Der physische Körper wird nur aufgrund von zwei spezifischen Umständen als solcher wahrgenommen. Erstens: unserem Beobachtungsbereich, der durch die Beschränkung unserer Sinne bestimmt ist, die wiederum ein Teil des Körpers sind. Aus dem Blickwinkel einer Mikrobe würde der menschliche Körper als ein riesenhaftes Gebilde mit ungeheuren Entfernungen zwischen den Atomen, die ihn aufbauen, erscheinen.

Zweitens sind die Energiefelder, aus denen sich der physische Körper zusammensetzt, recht unterschiedlich. Obwohl dieser unser Körper aus verschiedenen Bestandteilen aufgebaut ist (Muskel, Knochen, Blut), überschneiden sich die Energiefelder an den Rändern. Und wenn die Hauptströme, wie etwa der mentale und der emotionale Körper, in verschiedene Richtungen gezogen werden, so leidet das Ganze darunter. Einige Teile des Körpers folgen ihm nach, dehnen sich in dieselbe Richtung aus. Und das Ganze ist eine Art flüssiger Körper, von dem ein Teil in die eine Richtung wandert, während der größere Teil zurückbleibt und diesem Zug widersteht.

Der Haupteinwand, nämlich daß der Körper sich nicht bewegt hat, und die Erfahrungen deshalb unwirklich sind, riecht nach unseren alten materialistischen Begriffen, nämlich daß man in die Dimensionen ›reist‹, dies aber beinhaltet die Kategorie des Raumes. Der Ausdruck ›reisen‹ ist ein Ausdruck, der aus den theosophischen Lehren entnommen ist.

In Wirklichkeit ist keinerlei Reise nötig. Die ganze Dynamik findet als ein *Wechsel von Frequenzen* statt, bei dem man sich auf eine andere syntonische Ebene einstellt. Wir wollen einen Augenblick lang innehalten und dorthin zurückschauen, wo wir begannen. Während unserer ganzen Anstrengungen war es nicht so leicht, zurückzublicken, aber jetzt können wir die Entfernung von unserem Anfangspunkt ermessen.

Die Welt, die feste Welt der Durchschnittsmenschen ist in sich zusammengefallen und hat sich in Energiefelder verflüchtigt, die dünner sind als ein Morgennebel. Und was ist mit uns? Wir sind Energiefelder in einem schwingenden Kosmos, wir haben unseren Kampf gegen die Materie, diese nicht existente Abstraktion, diesen Alptraum der Unwissenheit aufgegeben. Obwohl wir noch immer für unseren Körper sensibel sind, erkennen wir, daß unsere Beziehung zu dieser Welt eine Frage der Syntonie ist, es ist die Frage, ob wir eingestimmt sind, eingestimmt, um zu kommunizieren, um zu wissen, daß wir *sind.*

Vielleicht zögern wir noch, da wir dieser neuen Erkenntnis noch nicht so recht trauen. Das liegt daran, daß der Verstand nur langsam seine Befehlsgewalt aufgibt, feineren Impulsen Platz macht und sich auf seine Position in der dreidimensionalen Welt zurückzieht. Glauben Sie mir, das ist ein Sieg. Und es ist natürlich nur der Anfang, aber wir sind gerade erst dabei, die Landkarte aufzufalten und über die Reise nachzudenken. Wir wollen uns daran erinnern, daß auch der Verstand sich in seinen Schaltkreisen vervielfältigt und anwächst, wenn wir uns entwickeln.

Ich bemerke auch, daß das Panorama, mit dem Sie sich auseinandersetzen, für manche Menschen ganz schön atemberaubend und erschreckend sein kann. Aber warum sollen wir nicht den Tatsachen ins Auge blicken? Der Homo Sapiens ist veraltet... ebenso veraltet wie die Dinosaurier. Die meisten unserer Prinzipien funktionieren nicht... selbst die berühmte Politik des Großen Knüppels, den wir nicht mehr schwingen können, ohne die Bühne, die Kulissen und die Akteure voll und ganz zu zerstören. Unsere moralischen Werte sind meist nur zur Dekoration vorhanden, sie werden den Kindern vermittelt, aber niemals angewendet.

Die neue Spezies tritt auf den Plan. Sie sind und sollten auch Teil von ihr sein. Und die Verwandlung kann stattfinden, während Sie noch am Leben und voller Tatkraft sind. Es hängt nur von einem starken Willen ab… Ihr Wille wird zum kosmischen Willen. Das Schicksal leitet Sie.

Wir haben die Bestandteile unserer Inkarnation aufgelöst, indem wir langsam die Fesseln durchschnitten haben, die uns an diese menschliche Erfahrung binden. Und jetzt stehen wir in einer Welt inneren Schweigens, wo es weder Farbe noch Form gibt. Die geringste Trennung unserer Atome würde unseren Tastsinn zu einer reinen Abstraktion machen. Was uns von der Immaterialität trennt, ist nur magnetische Kohäsion!

Trotzdem erkennen wir unsere Gedanken, Gefühle und Emotionen als unsere eigenen. Wir sind noch immer dieselben… wir wissen, daß wir uns qualitativ nicht verändert haben. Aber in diesem inneren Schweigen werden wir beginnen, subtile Botschaften zu empfangen, die nicht durch die Kanäle der Sinnesorgane eintreten werden, denn die haben wir mit dem Begriff der festen Materie willentlich zum Schweigen gebracht. Die Botschaft ist die Stimme des Schweigens, sie ist Kontakt mit unzähligen anderen Dimensionen des Kosmos, eine innere Einheit mit der Göttlichkeit.

Aber wenn unsere Welt wie auch unser Körper nur eine Illusion sind, so erhebt sich die folgende Frage: »Wenn ich aus Aggregaten zusammengesetzt bin, die sich durch Millionen von Generationen angesammelt haben, wenn ich darauf konditioniert bin, um wie ein Wasserstrahl in einem Tornado durch eine imaginäre Welt zu stieben, in dieser Welt zu denken, zu fühlen und zu handeln, wenn ich aus Fragmenten gebildet bin, die auf dem Weg aufgelesen wurden und verschwinden, sobald die Energie sich zurückzieht… *Wer bin ich dann*… wenn sich alles, was ich als ›Ich‹ erkennen kann, in nichts aufgelöst hat?«

Das, mein Freund, ist die letzte Frage. Keine intellektuelle Anstrengung kann sie jemals befriedigen. Denn das rationale

Denken, das Instrument, dessen Beschränkungen der Grund für diese Frage sind, kann keine Antwort finden, die in einer anderen Dimension liegt.

Es gibt nur eine Möglichkeit. Und sie besteht darin, in ihrer ganzen Totalität zur Antwort zu werden. Zu *sein*, anstatt in all den unablässigen Rhythmen von Gedanken und gedankenleeren Augenblicken, von Tagen und blinden Nächten, von Leben und geheimnisvollem Tod zu *existieren*. Zu sein, und zwar durch ihre eigene Handlung.

Zu der Definition der Göttlichkeit, die ich Ihnen gegeben habe, füge ich nun mein Abschiedsgeschenk hinzu. Ich hoffe, daß diese beiden Erklärungen Ihren Weg erleuchten und Sie lenken können. Die folgenden Zeilen sollen Ihnen dabei helfen, den wirklichen Prozeß zu verstehen, denn dorthin möchte ich Sie führen, wenn Sie zu denen gehören, die guten Willens sind.

Es gibt nur einen Weg zur Erleuchtung. Durch die ›Hotline‹ werden die Botschaften aus den feinen Ebenen in das *Verständnis* übersetzt. Wenn wir mit unserer inneren Entwicklung fortfahren, wenn wir weiterhin wachsen und unser Bewußtsein erweitern, so wird sich unsere Wachsamkeit so intensivieren, daß sie schließlich selbst zu einem Fahrzeug wird, das die Neigung hat, sich in immer feineren Ebenen der Energie zu manifestieren. Vielleicht geschieht dies noch während unserer Lebenszeit aufgrund unserer unablässigen Bemühungen, vielleicht erst beim Übergang zum Tod. Wenn wir schließlich und endlich imstande sind, uns über die Formen zu erheben, so werden wir erkennen, daß selbst Licht noch eine Form ist, die wir hinter uns lassen müssen. Aber dies geschieht nur im Augenblick der letztendlichen Verwandlung.

Licht ist das Wesen aller Dinge auf der physischen Ebene unseres Planeten. Ja, aller Dinge. Selbst der schwarze Plastikfüllfederhalter, mit dem ich schreibe, ist vermittels einer petrochemischen Verwandlung ein Ergebnis von Licht: Öl und Kohle aus einem Pflanzenleben, das durch das Sonnenlicht genährt wurde. Wohin auch immer wir blicken, von der feurigen Lava unserer mineralischen Welt bis zu den verdampfenden Meeren, überall ist Licht. Und Licht ist lebenspendende Liebe.

Man kann nur in das Licht eintreten oder zu Licht werden, wenn man schon jenseits der Dualität gelangt ist, nur dann hat man *dieselbe Qualität* erreicht. Und das bedeutet, daß man zur Essenz des Lichtes wird, zur kosmischen, unpersönlichen, göttlichen Liebe und lebenspendenden Kraft, und auf diese Weise das unglaubliche Geschehnis, die leise kosmische Explosion der Verwandlung in Gang setzt. In einem großen Ausbruch übermenschlicher Freude und unendlicher Seligkeit wird die Suchende, die jetzt die göttliche Essenz des Lebens ist, zum Universum, und das Universum wird zur Suchenden.

Von hier an können keine Worte mehr das Grenzenlose definieren, wir können nur durch Kontemplation in die bodenlosen Tiefen der Symbole hinabtauchen.

Anrufung

Ich habe den Durst nach Verhaftung abgelegt, den Hunger nach trostspendenden Illusionen, die Angst und die Traurigkeit der Einsamkeit.

Ich hab' meine Eltern in mein Herz genommen, denn jetzt bin ich Vater und Mutter. Ich nehme meine Kinder in mein Herz, denn jetzt bin ich ihre Ruhmeskrone. Ich nehme die Welt in mein Herz, denn jetzt rechtfertige ich ihre Existenz.

Jenseits der Form, jenseits der Götter ›bin ich‹... formlos, schweigend, ewig...

Sie haben dieses Buch vor einiger Zeit geöffnet. Schauen Sie nun noch einmal zur ersten Seite zurück. Sie haben sie weit hinter sich gelassen, denn Sie haben bereits das Tor zum inneren Schweigen passiert.

Über den Autor

Andrew Da Passanos höchst ereignisreiches Leben begann am 22. November 1905 in St. Petersburg in Rußland. Sein Vater war der Marquis Eugenio Da Passano, seine Mutter Elisabeth Saltykov, die Tochter des Schriftstellers Saltykov-Ščedrin, der noch immer in Rußland sehr bewundert wird. Zu dieser Zeit vertrat der Marquis Da Passano die ›Electric Boat and Submarine Corporation‹ von Newark, und zwar sowohl im zaristischen Rußland wie auch im Fernen Osten und in Europa. Andrew begleitete seinen Vater auf seinen weiten Reisen und arbeitete später als sein Sekretär. Dabei lernte und praktizierte er die sechs Sprachen, die er auch heute noch fließend spricht.

Die Familie Da Passano, deren Burg auf dem höchsten Gipfel über Genua gebaut ist, hat die Entstehung der Republik Genua mitgestaltet, und der Name Da Passano, der bis zum Jahre 960 nach Christus zurückverfolgt werden kann, ist noch immer in den wichtigsten historischen Denkmälern, Gebäuden und Kirchen eingemeißelt. Im Laufe der Jahrhunderte kamen viele der führenden Mitglieder der Familie mit dem Osten in Kontakt, als Genua mit Venedig um die Vorherrschaft im Mittelmeerhandel kämpfte, auch die Kreuzzüge hinterließen einen tiefen Eindruck in der Familientradition.

Während seiner frühen Jahre hatte Andrew einen schwachen physischen Körper, aber er war unablässig in Berührung mit einer Wirklichkeit, die für seine Eltern unverständlich war: der Dimension jenseits physischer Formen. Nachts hatte er des öfteren Erlebnisse des Hellhörens: eine feine Musik, die jede Nacht genau zur selben Zeit begann und eine Stunde lang andauerte. Dieses Erlebnis begleitete ihn bis zum Alter von elf Jahren.

Durch Schwimmen, Ringen und Boxen entwickelte er dann später seinen physischen Körper. Aber dabei hatte er immer das Gefühl, vom Bewußtsein europäischer Krieger gelenkt und begleitet zu werden, die er schließlich als Teile seiner Familienvergangenheit identifizierte.

Während sein Vater noch mit Geld gesegnet war, hatte Andrew ein recht angenehmes Leben. Die Familie kaufte den Anchorage Estate in Longbranch, New Jersey von dem Bankier Bernard Baruch, und sie hatten eine große Villa in Monaco.

In Paris lebten sie in einer Wohnung, die einstmals Talleyrand, dem Minister Napoleons, gehörte. Aber während der Depression verlor der Marquis Da Passano sein Vermögen und starb 1930 an einer Herzattacke.

Für Andrew begannen nun schwierige Zeiten. Er mußte nun seine Fähigkeit als kommerzieller Künstler entwickeln, um zu überleben.

In Paris arbeitete er als Kleiderdesigner und Dekorateur der Folies Bergère im Casino de Paris. Er schuf Bühnenbilder für Mistinguette im Moulin Rouge. Auch in Deutschland entwarf er Bühnenbilder. In Chelsea, London führte er ein Lampenschirmgeschäft.

Aber während all dieser beruflichen Veränderungen blieb er dennoch bei seiner spirituellen Suche und traf im Jahre 1938 seinen spirituellen Lehrer Tulio Castellani. Nach einigen Jahren des Studiums gründete Andrew mit ihm zusammen das Zentrum für Spirituelle Kultur in Mailand, das auch heute noch immer aktiv betrieben wird.

Der Zweite Weltkrieg veränderte Andrews Leben grundlegend. Aufgrund seines Wissens im Bereich der U-Boot-Waffentechnik konnte er das akustische Torpedo für seine Heimat Italien entwickeln und erreichte später den Rang eines Kapitäns in der italienischen Flotte. Der Krieg brachte ihm eine persönliche Tragödie: Während des Luftangriffes auf Mailand im August 1943 verlor er sein einziges Kind im Alter von 2 Jahren, es starb in seinen Armen.

Der Schmerz und das Leiden, die dieser Verlust in ihm erzeugte, trieben ihn dazu, seine innere Entwicklung zu intensivieren. Andrew stürzte sich mit neuer Begeisterung in harte spirituelle Übungen und studierte zusammen mit Castellani. Castellani, der auch den Beinamen ›Der Veneziamer‹ trug, war ein ernsthafter Lehrer, der es seinen Schülern nicht leicht machte. Eines Tages erlebte Andrew während der Meditation den Duft von weißen Rosen. Er öffnete seine Augen und sah den Buddha... Er war ungeheuer erregt, und eilte mit dem Zug und zu Fuß viele Kilometer durch das vom Krieg erschütterte Mailand, um seinem Lehrer die großen Nachrichten zu überbringen. Aber dessen einzige Antwort lautete: »Nun gut. Und hast du deine Übungen gemacht?«

Gegen Ende des Krieges schloß sich Andrew den italienischen Partisanen an, die gegen die Nazis kämpften, er arbeitete mit dem Roten Kreuz und schloß sich dann den Alliierten Truppen an. Nach dem Krieg wurde er in Mailand Verleger und in Paris ein erfolgreicher Künstler.

Von der UNESCO erhielt er den Auftrag, ein Bildungsprogramm zu entwickeln, um den Analphabetismus in Mexico zu bekämpfen. Nachdem er nun einmal dort war, blieb er auch und lehrte 25 Jahre lang, um dann im Jahre 1954 das Zentrum für Initiatische Kultur in Mexico City zu gründen, das noch immer unter seiner Leitung weiterarbeitet und eine Filiale in Guadalajara unterhält. Im Jahre 1956 erfuhr er Selbstverwirklichung, er nennt es seine ›Offenbarung‹. Er lehrte weiter und versuchte, auch andere Menschen zu diesem transzendentalen Moment zu bringen. Von 1961 – 1965 war er Professor an der Universität von Guadalajara. Und im Jahre 1977 zog er nach Los Angeles, Kalifornien.

Andrew ist jetzt in seinen Achtzigern, aber er ist nicht der Typ eines Menschen, der sich pensionieren läßt. Er lehrt weiterhin, und seine Schüler kommen aus den verschiedensten Lebensaltern und Berufsbereichen... Es sind Makler, Künstler, Studenten, Anwälte, Schauspieler, Schriftsteller. Seine Schule ist zutiefst traditionell, dennoch aber ist sie an die westliche Mentalität angepaßt. Andrews weites Wissen umfaßt die fortgeschrittenste theoretische Wissenschaft, die inzwischen auch der alten Weisheit des Ostens die Hand reicht. Aus den östlichen Philosophien, und zwar vor allem dem tibetanischen Buddhismus und dem Taoismus, bietet Andrew Methoden an, die noch bis vor kurzem nur in geheimer mündlicher Tradition überliefert wurden. Es ist ein eklektisches System, sowohl esoterisch wie auch höchst praktisch, und das erklärt auch den Namen seiner Schule in Los Angeles: Tempel Esoterischer Wissenschaft... geheime Traditionen also, die sich mit dem neuesten Wissen paaren, um eine neue Vision zu erschaffen. Gegenwärtig ist er mit seiner vierten Ehefrau, Virginia Da Passano, aus Mexico verheiratet, sie ist Ärztin für chinesische Medizin. Wenn Andrew keine Bücher schreibt oder mit seinem kleinen Enkel spielt, gibt er wöchentlichen Unterricht und Seminare an seiner Schule, und zusätzlich dazu gestaltet er ein regelmäßiges TV-Programm im Kabelfernsehen.

Andrew ist kein Guru, der auf einem Sockel steht, er ist immer verfügbar, wenn einer seiner Schüler mit einer Krise konfrontiert ist. Er ist ein hingebungsvoller Lehrer und herzlicher Freund.

Stellen Sie sich vor, daß der graubärtige Merlin mit seinen ganzen Kräften und mit seiner ganzen Weisheit zurückgekehrt ist, daß er mit einem trockenen Sinn für Humor noch immer jugendlich und energiegeladen ist, daß er jetzt über Quantenphysik und Buddha redet. Dann haben Sie eine Vorstellung von Andrew Da Passano.